AMMA SÜDAMEST

Jutuajamised
Sri Mata Amritanandamayiga

Tõlkinud ja kirja pannud
Swami Amritaswarupananda Puri

Mata Amritanandamayi Center, San Ramon
California, Ühendriigid

Amma südamest
Jutuajamised Sri Mata Amritanandamayiga

Tõlkinud ja kirja pannud Swami Amritaswarupananda

Väljaandja:
Mata Amritanandamayi Center
P.O. Box 613
San Ramon, CA 94583, Ühendriigid

—————— *From Amma's Heart* *(Estonian)* ——————

Esmatrükk MA Center: aprill 2016

Indias:
www.amritapuri.org
inform@amritapuri.org

See raamat on pühendatud annetusena
meie kõige armastatuma Amma,
kõige ilu ja armastuse allika
Lootosjalgade ette

Sisukord

Aum Amriteswaryai Namah

Eessõna

Ilma sõnalise suhtlemiseta oleks inimese elu armetu. Mõtete vahetamine ja emotsioonide jagamine on elu lahutamatu osa. Sellegipoolest, selles kärarikkas, vastuoluliste huvide ja konkurentsi maailmas aitab meil tõelise rahu ja õnne leida vaikus, mille me saavutame palve ja meditatsiooniga.

Tavalises argielus, kus inimesed peavad üksteisega suhtlema ja läbi käima mitmesugustes olukordades, on vaikuse järgimine raske. Vaikseks jääda pole eriti lihtne isegi siis, kui meie ümbrus soodustab vaikust. See võib tavalise inimese koguni hulluks ajada. Ent õnnis vaikus on selliste jumalike isiksuste nagu Amma tõeline olemus.

Jälgides Ammat erinevates olukordades ja suhtlemas inimestega üle terve maailma, olen näinud, millise armu ja täiuslikkusega Ta lülitub ühest olekust teise. Ühel hetkel on Amma kõrgeim Vaimne Meister ja teisel kaastundlik ema. Mõnikord võtab Ta lapse hoiaku ja teinekord juhi oma. Pärast kõrgete ärijuhtide, preemiaid võitnud teadlaste ja maailma juhtivtegelaste nõustamist tõuseb Ta lihtsalt püsti ja läheb darshani saali, kus Ta võtab vastu ja lohutab oma tuhandeid lapsi kõigilt elualadelt. Üldiselt kulub kogu Amma päev – ja suurem osa ööst – oma lapsi lohutades, neid kuulates, nende pisaraid pühkides, neile usku, enesekindlust ja jõudu andes. Kõige selle kestel jääb Amma alati oma loomulikku kirkasse olekusse. Ta ei väsi kunagi ära. Ta ei kurda kunagi. Ta näol kiirgab alati särav naeratus. Tavalisena näiv, ometi erakordne Amma pühendab iga hetke oma elust teistele.

9

Mis teeb Amma meist nii erinevaks? Milles peitub saladus? Kust tuleb Tema lõputu energia ja jõud? Amma lähedus avaldab vastused neile küsimustele nii selgelt ja käegakatsutavalt. Tema sõnad kinnitavad seda: "Sinu sõnade ilu, sinu tegude köitvus ja liigutuste veetlus sõltuvad kõik vaikuse määrast, mis sa oma sisimas lood. Inimestel on võime minna sellesse vaikusesse sügavamale ja sügavamale. Mida sügavamale sa lähed, seda lähemale sa jõuad Lõpmatule." See sügav vaikus on Amma olemuse tuum. Tingimusteta armastus, uskumatu kannatlikkus, erakordne armastusväärsus ja puhtus – kõik, mida Amma kehastab –, on ülima vaikuse ilmingud, milles Ta viibib. Oli aeg, kui Amma ei rääkinud nii, nagu Ta räägib täna. Kui Ammalt selle kohta kunagi päriti, kostis ta: "Isegi kui Amma rääkis, ei oleks te midagi aru saanud." Miks? Sest oma teadmatuse juures ei ole me võimelised mõistma kõrgeimat ja peenimat kogemust, milles viibib Amma. Siis mispärast Amma räägib? Sellele on kõige parem vastata Amma enda sõnadega: "Kui keegi Tõe otsijaid ei juhata, võivad nad teekonna katkestada, arvates, et sellist seisundit nagu Kõrgeim Eneseteostus pole olemas."

Tegelikult, Suured Hinged nagu Amma pigem vaikivad kui räägivad tõelusest meie objektiivse sündmuste maailma taga. Amma teab väga hästi, et sõnade vahendusel on Tõde paratamatult moonutatud, ja et meie piiratud, teadmatuses viibivad meeled tõlgendavad seda ebaõigelt sellisel moel, mis häirib meie ego kõige vähem. Sellegipoolest, kaastunde kehastusena, räägib Amma meile, vastab meie küsimustele ja hajutab meie kahtlusi, teades väga hästi, et meie meeled loovad ainult üha uusi segadusse ajavaid küsimusi. Ainult kannatlikkus ja ehe armastus inimkonna vastu ajendavad Ammat jätkuvalt meie rumalatele päringutele vastama. Ta ei lõpeta enne, kui ka meie meeled jäävad õndsalt vakka.

Selles raamatus talletatud vestlustes laskub Amma, Meistrite Meister, oma meeles alla oma laste tasandile, aidates meil põgusalt aimu saada muutumatust tõelusest, mis on muutuva maailma aluseks.

Ma olen kogunud neid tarkusepärle 1999. aastast alates. Peaaegu kõik siin toodud vestlused ja kaunid juhtumused on salvestatud Amma ringreiside ajal lääneriikides. Darshani ajal Amma kõrval istudes olen püüdnud kuulata Amma südame armsaid, jumalikke meloodiaid, mida Ta on alati valmis oma lastega jagama. Amma sõnade puhtuse, lihtsuse ja sügavuse tabamine pole kerge. See käib kahtlemata üle minu võimete. Siiski, tänu Tema piiritule kaastundele on mul olnud võimalus need jumalikud lausumised salvestada ja siinkohal taasesitada.

Nagu Ammal endal, on ka Amma sõnadel sügavam tasand kui see, mis esmapilgul paistab – neil on lõpmatuse dimensioon, mida tavalise inimese meel ei suuda haarata. Pean tunnistama omaenda võimetust täielikult mõista ja hinnata Amma sõnade sügavamat tähendust. Meie meeled, mis aeglevad asjade tühises maailmas, ei suuda jõuda selle kõrgema teadvuse seisundi taipamiseni, mille pinnalt Amma räägib. Samas on mul kindel tunne, et siin toodud Amma sõnad on väga erakordsed ja erinevad mingil moel nendest, mis leiduvad varasemates raamatutes.

Minu siiras soov oli valida ja esitada Amma ilusaid ja mitteametlikke vestlusi oma lastega. Mul kulus nende kogumisele neli aastat. Selles on kätketud kogu universum. Need sõnad tulevad Amma teadvuse sügavustest. Niisiis, otse pealispinna all on õnnis vaikus – Amma tõeline olemus. Loe sügava tundega. Mõtiskle ja mediteeri selle tunde üle ning sõnad avaldavad oma sügavama tähenduse.

Kallid lugejad, ma olen kindel, et selle raamatu sisu rikastab ja edendab teie vaimset teekonda, hajutades teie kahtlused ja puhastades teie meeli.

Swami Amritaswarupananda
15. septembril 2003. aastal

Elu mõte

Küsija: Amma, mis on elu mõte?

Amma: See sõltub sinu prioriteetidest ja ellusuhtumisest.

Küsija: Ma tahan teada, mis on elu "tõeline" eesmärk.

Amma: Tõeline eesmärk on kogeda, mis on füüsilise eksistentsi taga. Sellegipoolest, igaüks näeb elu erinevalt. Enamik inimesi näeb elu pideva olelusvõitlusena. Sellised inimesed usuvad teooriasse, et tugevamad jäävad ellu. Nad rahulduvad tavalise eluviisiga – näiteks maja, töö, auto, naise või mehe, laste ja elamiseks vajaliku raha muretsemisega. Jah, need on vajalikud asjad ja me peame keskenduma oma igapäevaelule ning hoolitsema oma suurte ja väikeste vastutuste ja kohustuste eest. Kuid elu ei piirdu ainult sellega, elul on kõrgem eesmärk – teada ja mõista, kes me oleme.

Küsija: Amma, mida annab meile teadmine, kes me oleme?

Amma: See annab kõik. Täieliku rahulolutunde, nii et elus pole vaja enam midagi saavutada. See teadmine teeb elu täiuslikuks. Hoolimata sellest, mida oleme kogunud või soovime saavutada, tundub enamikule inimestele elu siiski mittetäielik – nagu täht "C", see vahemik või tühik on kogu aeg olemas. Ainult vaimne teadmine ja arusaam Universaalsest Minast [Atmanist] võib selle lünga täita ja ühendada kaks otsa "O" täheks. Vaid teadmine "Sellest" võimaldab meil tunda, et tugineme kindlalt elu tõelisele keskmele.

Küsija: Mis saab sel juhul maistest kohustustest, mida inimesed peavad täitma?

Amma: Ükskõik kes me oleme või mida me teeme, peaksid kohustused, mida me maailmas täidame, aitama meil jõuda ülima dharmani, mis on üksolek Universaalse Minaga. Kõik elusolendid on üks, sest elu on üks ja elul on ainult üks eesmärk. Keha ja meelega samastumise tõttu võidakse arvata, et eneseotsing ja Eneseteostuseni jõudmine ei ole minu dharma; minu dharma on töötada muusiku, näitleja või ärimehena. Nii tunda on igati normaalne. Ent me ei leia kunagi täielikku rahulolu, kui me ei suuna oma energiat elu tõelisele eesmärgile.

Küsija: Amma, Sinu sõnul on kõigi elu eesmärk Eneseteostus. Kuid see ei tundu nii, sest enamik inimesi ei saavuta Eneseteostust ega paista selle poole isegi mitte püüdlevat.

Amma: See on nii sellepärast, et enamik inimesi ei mõista vaimsust. Seda nimetatakse *maya*ks, illusoorseks maiseks jõuks, mis varjutab Tõde ja hoiab inimkonda sellest eemal.

Elu tõeline eesmärk on jõuda jumalikkuseni enda sees, ükskõik kas me oleme sellest teadlikud või mitte. On palju asju, mida sa ei pruugi teada oma praeguses vaimses seisundis. On lapsik öelda: "Neid pole olemas, sest ma pole neist teadlik." Olukordade ja kogemuste lahti rulludes avanevad uued ja senitundmatud elu faasid, mis viivad sind üha lähemale ja lähemale sinu Tõelisele Minale. See on ainult aja küsimus. Mõni on selle mõistmiseni juba jõudnud; mõni teine on selleni iga hetk jõudmas ja kolmandad jõuavad mõistmiseni mõnes hilisemas etapis. Kuna see pole seni veel juhtunud või ei juhtu võib-olla ka selles elus, ei maksa arvata, et seda ei juhtu kunagi.

Sinu sees ootab meeletu teadmine avanemiseks sinu nõusolekut. Kuid see ei juhtu, kui sa ei lase sel juhtuda.

Küsija: Kes peaks seda lubama? Meel?

Amma: Kogu sinu olemus – sinu keha, meel ja mõistus.

Küsija: Kas see on arusaamise küsimus?

Amma: See on arusaamise ja tegemise küsimus.

Küsija: Kuidas me saaksime seda arusaamist arendada?

Amma: Arendades alandlikkust.

Küsija: Mille poolest alandlikkus nii hea on?

Amma: Alandlikkus teeb su vastuvõtlikuks kõigile kogemustele ilma neid arvustamata. Sa õpid nii rohkem.

Siin pole küsimus ainult intellektuaalses arusaamises. Kogu maailmas on palju inimesi, kelle peas on rohkem kui küllaga vaimseid teadmisi. Ent kui paljud sellistest inimestest on tõeliselt vaimsed ja soovivad siiralt saavutada Eesmärki või kas või püüavad saavutada sügavamat arusaama vaimsetest põhimõtetest? Väga vähesed, kas pole?

Küsija: Aga Amma, milles siis probleem tegelikult seisneb? Kas uskmatuses või suutmatuses oma mõistusest sügavamale minna?

Amma: Kui sa siiralt usud, siis sa "kukud" automaatselt oma südamesse.

Küsija: Nii et see on uskmatus?

Amma: Mis sa ise arvad?

Küsija: Jah, see on uskmatus. Aga miks Sa nimetasid seda südamesse "kukkumiseks"?

Amma: Füüsilisest aspektist rääkides on pea keha kõige ülemine osa. Et minna sealt südamesse, peab "kukkuma" alla. Ent vaimsest seisukohast on see üles kõrgustesse tõusmine.

Ole kannatlik, sest
sa oled patsient

Küsija: Kuidas saada tõelist abi Satgurult [Tõeliselt Õpetajalt]

Amma: Et abi saada, lepi kõigepealt sellega, et sa oled patsient, ja ole siis kannatlik.

Küsija: Amma, kas Sina oled meie arst?

Amma: Ükski hea arst ei käi ringi ega kuuluta: "Mina olen parim arst. Tulge minu juurde. Ma teen teid terveks." Isegi kui patsiendil on parim arst, aga puudub usk temasse, siis ei pruugi ravi olla eriti tulemuslik.

Sõltumata ajast ja kohast viib kõik operatsioonid elu operatsioonisaalis läbi Jumal. Kõik on näinud, kuidas kirurgid kannavad operatsioonil maski. Keegi ei tunne neid sel hetkel ära. Aga maski taga on arst. Sarnaselt on kõigi elukogemuste pealispinna all Jumala või Guru kaastundlik nägu.

Küsija: Amma, kas Sa oled oma õpilaste vastu halastamatu, kui tegemist on nende ego eemaldamisega?

Amma: Kui arst opereerib ja eemaldab patsiendilt vähist läbikasvanud kehaosa, siis kas sa nimetad seda halastamatuseks? Kui jah, siis on ka Amma nii-öelda halastamatu. Ent ta puudutab nende ego ainult siis, kui lapsed teevad temaga koostööd.

Küsija: Mida Sa teed, et neid aidata?

Amma: Amma aitab oma lastel näha ego "vähki" – sisemisi nõrkusi ja negatiivsusi – ning teeb neist vabanemise neile kergemaks. See on tõeline kaastunne.

Küsija: Kas Sa pead neid oma patsientideks?

Amma: Olulisem on see, et *nemad* saaksid aru, et nad on patsiendid.

Küsija: Amma, mida Sa mõtled õpilase koostöö all?

Amma: Usku ja armastust.

Küsija: Amma, see on rumal küsimus, kuid ma ei suuda seda küsimata jätta. Palun andesta mulle, kui olen liiga rumal.

Amma: Küsi julgelt.

Küsija: Mis on Sinu operatsioonide edukuse protsent?

Amma naerab häälekalt ja patsutab õrnalt pühendunu pead.

Amma (endiselt naerdes): Poeg, edukad operatsioonid on väga haruldased.

Küsija: Miks?

Amma: Sest ego ei lase enamikul inimestel arstiga koostööd teha. See ei lase arstil teha head tööd.

Küsija (kelmikalt): Sina oledki arst, eks ole?

Amma (inglise keeles): I don't know. (Ma ei tea.)

Küsija: Hea küll, Amma, mis on põhieeldus selleks, et taoline operatsioon õnnestuks?

Amma: Kui patsient on operatsioonilaual, siis ainus, mida patsient saab teha, on olla paigal, usaldada arsti ja alistuda. Tänapäeval teevad arstid patsientidele tuimastust isegi väiksemate operatsioonide puhul. Mitte keegi ei taha kogeda valu. Inimesed eelistavad pigem olla teadvuseta kui ärkvel, kui nad peavad kannatama valu. Olgu paikne või üldine tuimastus, muudab see patsiendi protseduurist mitteteadlikuks. Ent kui Tõeline Meister töötab sinu – sinu ego – kallal, eelistab ta seda teha, kui sa oled teadvel. Jumaliku Õpetaja operatsioon eemaldab õpilase vähkkasvajaliku ego. Kogu protsess on palju lihtsam, kui õpilane suudab jääda avatuks ja teadlikuks.

Dharma tõeline tähendus

Küsija: Dharmat tõlgendavad erinevad inimesed erinevalt. Üheainsa mõiste „dharma" nii paljud erinevad tõlgendused ajavad segadusse. Amma, mida dharma tegelikult tähendab?

Amma: Dharma tegelik tähendus ilmneb alles siis, kui kogeme Jumalat oma allika ja toena. Seda pole võimalik selgeks teha sõnade või raamatute kaudu.

Küsija: See on ülim dharma, kas pole? Aga kuidas oleks meil võimalik leida tähendus, mis sobiks meie igapäevaellu?

Amma: See on ilmutus, millest me kõik osa saame elu erinevaid kogemusi läbi elades. Mõnele inimesele tuleb see ilmutus kiiresti. Nad leiavad kiiresti õige tee ja õige tegevussuuna. Teiste jaoks on see aeglane protsess. Võib juhtuda, et nad peavad läbi tegema katse ja eksituse protsessi, enne kui jõuavad elus sinnamaani, kust nad saavad alustada oma dharma elluviimist siin maailmas. See ei tähenda, et see, mida nad on teinud minevikus, oleks olnud ilmaasjata. Ei, see rikastab nende kogemusi ning nad õpivad sellest mitmesuguseid õppetükke, juhul kui nad püsivad avatuna.

Küsija: Kas normaalse pereelu elamine, majapidamise juhtimise ja sellega seotud probleemidega tegelemine võib takistada vaimset ärkamist?

Amma: Ei, kui me peame Eneseteostust oma elu lõppeesmärgiks. Kui see on meie eesmärk, siis kujundame kõik oma mõtted ja teod selliseks, et need aitaksid meil seda saavutada, kas pole? Me oleme alati teadlikud oma tõelisest lõppsihist. Reisides ühest kohast teise, võib inimene korduvalt peatustes maha tulla, et juua tass teed või süüa, ent ta läheb alati oma sõidukisse tagasi. Isegi taolisi väikseid peatusi tehes ollakse teadlik oma tegelikust sihist. Sarnaselt võime elus mitmeid kordi peatuda ja teha mitmeid erinevaid asju. Siiski ei tohiks me unustada naasmast sõidukisse, mis kannab meid mööda vaimset teed, ning istuda seal tugevalt kinnitatud turvavööga.

Küsija: "Tugevalt kinnitatud turvavööga"?

Amma: Jah. Kui sa lendad, võivad õhuaugud tekitada turbulentsi ning sõit võib aeg-ajalt olla hüplik. Isegi teed mööda sõites võivad aeg-ajalt juhtuda õnnetused. Seetõttu on alati parem kasutada ohutuse tagamiseks turvameetmeid. Sarnaselt ei saa vaimsel teekonnal välistada olukordi, mis tekitavad vaimset ja emotsionaalset segadust. Selleks et end kaitsta taoliste olukordade eest, peame kuulama Satguru [Tõelist Meistrit], pidama kinni distsipliinist ning käitumisjuhistest. Need on vaimse teekonna turvavööd.

Küsija: Niisiis, ükskõik mis tööd me teeme, ei tohiks see meid eksitada ülima dharma teelt, mis on Jumala mõistmine. Amma, kas sa soovitad just seda?

21

Amma: Jah. Neil teie seast, kes soovivad veeta elu mõtluses ja meditatsioonis, peaks sisimas lakkamatult leegitsema igatsuse tuli. Dharma tähendus on "see, mis toetab" – see, mis toetab elu ja eksistentsi on Atman [Mina]. Niisiis, ehkki dharma tavatähenduseks peetakse meie kohustust või teed, mida inimene peaks maailmas järgima, osutab see lõppkokkuvõttes ikkagi Eneseteostusele. Selles mõttes saab dharmaks nimetada ainult neid mõtteid ja tegusid, mis toetavad meie vaimset arengut.

Teod, mis on tehtud õigel ajal, õige suhtumisega ja õigel viisil, on dharmateod. Sellist tüüpi õiged tegevused võivad kaasa aidata vaimse puhastumise protsessile; sa võid olla ärimees või autojuht, lihunik või poliitik; mis iganes su töö ka pole, kui sa teed seda oma dharmana, *moksha* [vabanemise] vahendina, muutuvad su teod pühaks. Nõnda said Vrindavani[1] *gopi*'d [lehmakarjuste naised], kes teenisid elatist piima ja või müümisega, Jumalaga sedavõrd lähedaseks ning jõudsid lõpuks elu eesmärgini.

---

[1] Püha linn Indias, Krišna sünnipaik.

Armastus ja armastus

Küsija: Amma, mis vahe on armastusel ja Armastusel?

Amma: Vahe armastuse ja Armastuse vahel on sama mis inimese ja Jumala vahel. Armastus on inimese loomus ja Armastus on Jumala loomus.

Küsija: Aga Armastus on ju ka inimeste tõeline loomus, kas pole nii?

Amma: Jah, kui inimene seda tõde mõistab.

Teadvus ja teadlikkus

Küsija: Amma, mis on Jumal?

Amma: Jumal on puhas teadvus; Jumal on puhas teadlikkus.

Küsija: Kas teadvus ja teadlikkus on sama?

Amma: Jah, nad on sama. Mida teadlikum sa oled, seda ehedam on sinu teadvus, ja vastupidi.

Küsija: Amma, mis on mateeria ja teadvuse vahe?

Amma: Üks on välimus ja teine on sisu. Väline on mateeria ja sisu on teadvus. Välimus on muutuv, aga sisu, olemuslik Atman [Mina], on muutumatu. Atmani olemasolu elustab ja valgustab kõike. Atman on ise valgust kiirgav, seevastu mateeria ei ole. Ilma teadvuseta pole võimalik mateeriat tunda. Ent kui sa oled ületanud kõik erinevused, siis näed, et kõike läbistab puhas teadvus.

Küsija: "Ületanud kõik erinevused," „kõike läbistab puhas teadvus" – Amma, Sa kasutad alati ilusaid näiteid. Kas Sa võiksid tuua ühe näite, mis seda mõtet paremini selgitaks.

Amma (naeratades): Tuhanded kaunid näited ei lõpeta meelt neidsamu küsimusi kordamast. Ainult ehe kogemus hajutab kõik kahtlused. Aga kui näide pakub mõistusele pisut rohkem rahuldust, siis pole Ammal selle vastu midagi.

Seda võib võrrelda metsas olemisega. Kui sa oled metsas, siis näed erinevaid puid, põõsaid ja taimi kogu oma mitmekesisuses, aga kui sa jõuad metsast välja ja lähed sellest eemale, siis tagasi vaadates hakkavad kõik erinevad puud ja taimed tasapisi silmist kaduma, kuni viimaks näed kõike ühe metsana. Sarnaselt, kui sa tõused meelest kõrgemale, siis kaob selle piiratus kõigi oma tähtsusetute ihade ja eristustega, mille on loonud "minu" ja "sinu" taju. Siis sa hakkad kogema kõike ühe ja ainsa Minana.

Teadvus on alati kõikjal

Küsija: Kui teadvus on alati kõikjal, kas selle olemasolu kohta on ka veenvaid tõendeid?

Amma: Sinu enda eksistents on kõige veenvam tõend teadvuse olemasolu kohta. Kas sa saad oma olemasolu eitada? Ei saa, sest isegi su eitus tõestab, et sa oled olemas, eks ole? Oletame, et keegi küsib: "Kuule, kas sa oled olemas?" Sina vastad: "Ei, ma ei ole." Isegi eitav vastus tõestab selgelt, et sa oled kahtlemata olemas. Sa ei tarvitse seda kinnitada. Lihtsalt eita seda, ja see on tõestatud. Niisiis pole võimalik Atmanis [Minas] kahelda.

Küsija: Kui nii, siis miks on seda kogemust nii raske saavutada?

Amma: "Seda, mis on" on võimalik kogeda ainult siis, kui oleme sellest teadlikud. Muidu jääb see meile tundmatuks oma olemasolust hoolimata. Asi on lihtsalt selles, et me ei tunne tõde olemasoleva kohta. Gravitatsioon oli olemas ka enne gravitatsiooniseaduse

avastamist. Üles visatud kivi on alati alla tagasi kukkunud. Sama-
moodi on teadvus alati meie sees olemas – praegu, käesoleval hetkel
–, ent me ei pruugi olla sellest teadlikud. Õigupoolest ongi ainult
praegune hetk tõeline. Aga selle kogemiseks vajame uutmoodi nä-
gemist, uutmoodi silma ja isegi uutmoodi keha.

Küsija: "Uutmoodi keha"? Mida Sa selle all mõtled?

Amma: See ei tähenda, et sinu olemasolev keha kaoks. See näeb välja
samasugune, ent see teeb läbi imepeene muutuse, transformatsiooni.
Sest ainult siis suudab ta hõlmata üha avarduvat teadvust.

Küsija: Mida Sa pead silmas avarduva teadvuse all? Upanišadides
väidetakse, et Absoluut on *purnam* [alati täiuslik]. Upanišadides
öeldakse: *"...purnamada purnamidam..."* ["...see on terviklik, too on
terviklik..."], nii et ma ei mõista, kuidas saab juba täiuslik teadvus
veel kasvada?

Amma: See on täiesti tõsi. Siiski, individuaalsel või füüsilisel tasan-
dil teeb vaimne õpilane läbi teadvuse avardumise kogemuse. *Shakti*
[jumalik energia] tervikuna on muidugi muutumatu. Siiski, vedaanta
[hinduistliku filosoofia mittedualistliku koolkonna] seisukohast
pole olemas vaimset teekonda, üksikisik teeb läbi ühe nn teekonna
täiuslikkuse seisundi poole. Eesmärgile jõudes saad ka sina aru, et
kogu protsess, kaasa arvatud teekond, oli illusoorne, sest sa olid alati
kohal, selles seisundis, sa polnud mitte kunagi sellest lahus. Kuni
lõpliku mõistmiseni jõudmiseni toimub teadlikkuse ja teadvuse
avardumine vastavalt *sadhak*i [vaimse õpilase] edasijõudmisele.

Näiteks, mis juhtub, kui sa võtad kaevust vett? Kaev saab
otsekohe vett juurde selle all olevast allikast. Allikas täidab kaevu
veega lakkamatult. Mida rohkem vett sa võtad, seda rohkem vett
allikast tuleb. Niisiis võib öelda, et kaevu tuleb vett juurde. Allikas
on ammendamatu läte. Kaev on täis ja püsib täis, sest see on igaveses
ühenduses allikaga. Kaev jätkab täiustumist. See laieneb üha edasi.

Küsija (pärast mõtlikku vaikust): See on väga ilmekas, aga tundub siiski raske.

Amma: Jah, mõistus ei saa sellest aru. Amma teab seda. Kõige kergem on kõige raskem. Kõige lihtsam on ikka kõige keerulisem. Ja lähim tundub kõige kaugem. See jääb mõistatuseks senikaua, kuni jõuad Eneseteostuseni. Sellepärast kirjeldasidki *rishi*d [muistsed Targad] Atmanit fraasiga "kaugemal kui kaugeim ja lähemal kui lähim".

Lapsed, inimkeha on väga piiratud instrument. See ei suuda hõlmata lõpmatut teadvust. Ent nii nagu kaevgi, kui me oleme ühenduses igavese *shakti* allikaga, avardub teadvus meie sees üha. Kui saavutatakse ülima *samadhi* seisund [loomulik olemisseisund], hakkab ühendus keha ja meele, Jumala ja maailma vahel toimima täiuslikus kooskõlas. Niisiis pole selles kasvamist, mitte midagi. Sa oled üks teadvuse lõpmatu ookeaniga.

Ei mingeid väiteid

Küsija: Amma, kas sa väidad midagi?

Amma: Mida ma peaksin väitma?

Küsija: Et sa oled Jumaliku Ema kehastus või täieliku Eneseteostuseni jõudnud Meister ja nii edasi.

Amma: Kas mõne riigi president või peaminister väidab kuhugi minnes: "Kas te teate, kes ma olen? Ma olen president/peaminister!"? Ei. Nad on, mis nad on. Ainuüksi väide, et sa oled Avatar [inimesena kehastunud Jumal] või Eneseteostuseni jõudnu, annab tunnistust egost. Tegelikult, kui keegi väidab olevat Jumalik kehastus või Täiuslik Hing, on see iseenesest kinnitus, et ta seda pole. Täiuslikud Meistrid ei esita selliseid väiteid. Nad on alati maailmale eeskujuks oma alandlikkusega. Pea meeles, et Eneseteostus ei tee sind eriliseks. See teeb sind alandlikuks.

Selleks et väita, et sa oled midagi, ei pea sa olema Eneseteostusele jõudnud ega mingite eriliste oskustega. Selleks peab sul olema ainult suur ego, võltsuhkus. Seda aga Täiuslikul Meistril ei ole.

Guru tähtsus vaimsel teekonnal

Küsija: Mispärast peetakse Guru vaimsel teekonnal nii tähtsaks?

Amma: Ütle Ammale, kas on mõnda teed või tööd, mida on võimalik selgeks saada ilma õpetaja või juhendajata? Kui sa tahad õppida autot juhtima, peab sind õpetama kogenud juht. Lapsele on vaja õpetada, kuidas oma kingapaelu kinni siduda. Ja kas oleks mõeldav õppida matemaatikat ilma õpetajata? Isegi taskuvargal on vaja õpetajat, kes õpetaks talle varastamise kunsti. Kui õpetajad on asendamatud tavaelus, kas pole siis õpetajat seda enam vaja vaimsel teel, mis on nii erakordselt peen?

Kui sa tahad minna mõnda kaugesse paika, võid osta kaardi. Aga ükskõik kui hästi sa ka kaarti tundma ei õpi, kui sa lähed täiesti võõrale maale, tundmatusse kohta, ei tea sa sellest kohast midagi enne, kui sa tegelikult kohale jõuad. Samuti ei räägi kaart sulle sugugi teekonnast endast, teel ettetulevatest tõusudest ja laskumistest ning võimalikest ohtudest. Seetõttu on oluline saada juhiseid kelleltki, kes on teekonna ise läbi käinud ja teab seda oma kogemusest.

Mida sa tead vaimsest teest? See on täiesti tundmatu maailm ja tee. Võib-olla oled kogunud teavet raamatutest või inimestelt. Aga kui sa jõuad selle elluviimiseni, selle kogemusliku osani, on Satguru [Tõelise Meistri] juhised absoluutselt vajalikud.

Amma tervendav puudutus

❖ ❖

Ühel päeval tõi Amma Euroopa ringreiside koordinaator Amma juurde noore naise. Naine nuttis ohjeldamatult. "Tal on Ammale rääkida väga kurb lugu," ütles koordinaator mulle. Pisarad mööda põski alla voolamas, rääkis naine Ammale, et tema isa lahkus kodunt, kui ta oli ainult viieaastane. Väikese tüdrukuna küsis ta tihtilugu oma ema käest isa asupaiga kohta. Kuid emal ei olnud tüdruku isa kohta kunagi midagi head öelda, sest nende suhe oli olnud väga halb. Aastatega lahtus lõpuks noore naise huvi oma isa vastu.

Kaks aastat tagasi – see on 20 aastat pärast oma isa kadumist – suri noore naise ema. Ema asju läbi vaadates leidis ta üllatusega ühest ema vanast päevikust isa aadressi. Varsti õnnestus tal saada isa telefoninumber. Suutmata oma erutust talitseda, helistas ta kohe isale. Isa ja tütre rõõm oli piiritu. Pärast pikka telefonikõnet otsustasid nad kohtuda. Isa nõustus sõitma tüdruku koduküla ja nad leppisid päeva kokku. Aga saatus oli uskumatult julm, ülimalt halastamatu. Teel tütre juurde sattus isa autoõnnetusse, mis nõudis tema elu.

Noore naise süda oli murtud. Haiglaametnikud kutsusid tütre oma isa isikut tuvastama ja surnukeha anti talle üle. Kujutage ette selle noore naise ahastama panevat hingeseisundit. Ta oli tohutu elevusega oodanud kohtumist isaga, keda ta polnud näinud üle 20 aasta, ent lõpuks sai näha ainult tema surnukeha. Asja tegi veelgi hullemaks arstide väide, et õnnetuse põhjuseks oli sõidu ajal saadud südamerabandus. Arvatavasti tekkis see mõttest kohtuda pärast nii pikki aastaid uuesti oma tütrega.

Tol hommikul, kui Amma võttis vastu selle noore naise, olin ma ühe kõige ilusama ja südantliigutavama darshani tunnistajaks, mida ma kunagi olen näinud. Kui naine nuttis oma südant tühjaks,

32

pühkis Amma oma pisaraid, mis voolasid mööda Ta nägu alla. Kallistades õrnalt naist, hoidis Amma ta pead oma süles, pühkis ta pisaraid, kallistas ja suudles teda, öeldes talle hellalt: "Mu tütar, mu laps, ära nuta!" Amma rahustas naise maha ja lohutas teda. Nad ei vahetanud peaaegu ühtegi sõna. Vaadates kogu seda pilti nii avatult, kui ma suutsin, sain veel ühe tähtsa õppetüki haavatud südame parandamisest ning sellest, kuidas see toimub Amma läheduses. Lahkudes oli naises toimunud ilmne muudatus. Tema näolt paistis kergendustunne ja temast oli kadunud pinge. Minema hakates pöördus ta minu poole ning lausus: "Olles kohtunud Ammaga, tunnen ma ennast kergena nagu lill."

Amma kasutab taolistel intensiivsetel puhkudel väga vähe sõnu, eriti kui see puudutab teiste valu ja kurbuse jagamist. Ainult vaikus koos sügava tundega suudab kajastada teiste valu. Sellistes olukordades räägib Amma oma silmade kaudu, jagades oma lapse valu ja näidates oma sügavat armastust, muret, osavõtlikkust ja hoolt.

Nagu Amma ütleb: "Ego ei saa kedagi ravida. Kõrgest filosoofiast keerukate sõnadega rääkimine viib inimesi ainult segadusse. Ent isetu inimese pilk või puudutus hajutab kergelt valu ja meeleheite pilved inimese meelest. See viibki tõelise tervenemiseni."

Surma valu

Küsija: Amma, miks on surmaga seotud nii palju hirmu ja valu?

Amma: Liigne kiindumine kehasse ja maailma tekitab valu ja surmahirmu. Peaaegu kõik usuvad, et surm on täielik olematuks muutumine. Keegi ei taha maailmast lahkuda ja unustusse vajuda. Kui meis on selline kiindumus, siis võib kehast ja maailmast lahtilaskmise protsess olla valulik.

Küsija: Kas surm on valutu, kui kasvame sellest kiindumusest välja?

Amma: Kui kiindumusest kehasse kõrgemale tõusta, siis pole surm mitte ainult valutu, vaid ka õnnis kogemus. Sa suudad jääda keha surma tunnistajaks. Mitteklammerduv suhtumine teeb surmast täiesti teistsuguse kogemuse. Enamik inimesi sureb kohutava pettumuse ja ahastustundega. Sügavast kurbusest haaratuna veedavad nad oma viimased päevad ärevuses, valus ja lootusetus meeleheites. Miks? Sest nad ei õppinud kunagi oma mõttetutest unistustest, ihadest ja kiindumustest lahti laskma ja neist vabanema. Selliste inimeste vanaduspäevad, eriti aga viimased päevad, on hullemad kui põrgu. Seepärast ongi tarkus oluline.

Küsija: Kas tarkus kasvab vanemaks saades?

Amma: Üldiselt nii arvatakse. Olles näinud ja kogenud elu erinevate etappide jooksul kõike, peaks küpsema tarkus. Ometi pole sellise taseme tarkust kerge saavutada, eriti tänapäeva maailmas, kus inimesed on muutunud nii enesekeskseks.

34

Küsija: Millist põhiomadust oleks vaja endas arendada, et saavutada seda laadi tarkust?

Amma: Elu üle mõtisklemist ja mediteerimist. See annab meile võime elu erinevaid kogemusi sügavamalt tunnetada.

Küsija: Amma, kuna enamik inimesi maailmas pole oma loomult ei mõtisklevad ega mediteerivad, siis kas see on nende puhul praktiline?

Amma: See sõltub sellest, kui suurt tähtsust sellele omistada. Tuleta meelde, et kunagi oli aeg, mil mõtisklemine ja mediteerimine olid elu lahutamatu osa. Seetõttu suudetigi tollal nii palju saavutada, ehkki teadus ja tehnoloogia ei olnud nii arenenud kui tänapäeval. Selle aja avastused on jätkuvalt meie tänapäevaste tegemiste aluseks.

Tänapäeva maailmas ei ole kõige olulisem tihtipeale aktsepteeritud, sest seda peetakse ebapraktiliseks. See on üks *kaliyuga* – materialistliku pimeduseajastu – iseärasusi. On kerge äratada inimest, kes magab, aga väga raske on äratada seda, kes teeskleb, et ta magab. Kas peegli hoidmisest pimeda inimese ees on kasu? Sellel ajastul eelistavad inimesed hoida oma silmad Tõele suletud.

Küsija: Amma, mis on tõeline tarkus?

Amma: Tõeline tarkus on see, mis aitab muuta elu lihtsaks ja ilusaks. See on õige arusaamine, mille võib saavutada õige eristusvõime abil. Kui inimene on selle omaduse tõeliselt omaks võtnud, peegeldub see tema mõtetes ja tegudes.

Inimkond praegu

Küsija: Milline on inimkonna vaimne seisund praegu?

Amma: Üldiselt rääkides toimub maailmas suur vaimne ärkamine. Inimesed muutuvad kahtlemata palju teadlikumaks vajadusest vaimse eluviisi järele. Ehkki seda ei seostata otseselt vaimsusega, omandavad *New Age*'i filosoofia, jooga ja meditatsioon lääneriikides rohkem populaarsust kui kunagi varem. Joogaga tegelemine ja mediteerimine on saanud paljudes riikides moekaks, eriti kõrgemates ühiskonnaklassides. Looduse ning vaimsete põhimõtetega kooskõlas elamisest peavad lugu isegi ateistid. Sisemist janu ja pakilise muutumise vajadust on märgata kõikjal. See on kahtlemata positiivne märk.

Ent teisest küljest kasvab ohjeldamatult ka materialismi ja materialistlike naudingute mõju. Kui asjad jätkuvad samal moel, tekitab see tõsise tasakaalutuse. Mis puutub materiaalsetesse naudingutesse, siis inimestel on väga vilets eristusvõime ning nende lähenemine asjadele on tihti ebamõistlik ja hävitav.

Küsija: Kas selles ajastus on midagi uut või erilist?

Amma: Iga hetk on nii-öelda eriline. Sellegipoolest on see ajastu eriline, sest me oleme peaaegu jõudnud ühte inimeksistentsi tippu.

Küsija: Tõesti? Mis tipp see on?

Amma: Ego, pimeduse ja isekuse tipp.

Küsija: Amma, kas Sa palun selgitaksid seda pisut lähemalt?

Amma: *Rishi*de [muistsete Tarkade] järgi, on olemas neli ajastut: *satyayuga*, *tretayuga*, *dvaparayuga* ja *kaliyuga*. Praegu elame *kaliyuga*s, materialismi pimedal ajastul. Esimene on *satyayuga* ajastu, mil valitsevad ainult tõde ja õiglus. Kulgenud läbi teiste ajastute, *treta-* ja *dvaparayuga*, on inimkond jõudnud praegu *kaliyuga*sse, viimasesse, mis peaks kulmineeruma uue *satyayuga*ga. Siiski, *treta-* ja *dvaparayuga*de alguses, ajal ja neist väljudes kaotasime ühtlasi palju kauneid väärtusi, nagu näiteks tõde, kaastunne, armastus jne. Tõe ja õigluse ajastu oli tipp. *Treta-* ja *dvaparayuga*d olid keskpaik, kus me säilitasime veel natuke dharmat [õiglust] ja *satya*t [tõde]. Praegu oleme jõudnud teise, *adharma* [ebaõigluse] ja *asatya* [valelikkuse] tippu. Vaid alandlikkuse õppetükid aitavad inimkonnal mõista pimedust, mis teda praegu ümbritseb. See valmistab meid ette valguse ja tõearmastuse tippu ronimiseks. Loodame ja palvetame, et maailma kõikidesse uskudesse ja kultuuridesse kuuluvad inimesed õpivad ära selle õppetüki, mis on selle ajastu vajadus.

Otsetee Eneseteostuseni

Küsija: Tänapäeva maailmas otsivad inimesed erinevate asjade saavutamiseks otseteed. Kas ka Eneseteostuseks on olemas otsetee?

Amma: Sama hästi võib küsida: "Kas on mõnda otseteed minu endani?" Eneseteostus on sinu enda tee sinu enda Minani. Nii et see on sama lihtne kui lambi põlema panemine. Sellegipoolest oleks sul vaja teada, millist lülitit vajutada ja kuidas, sest see lüliti on peidetud sinu sisse. Sa ei leia seda kusagilt väljastpoolt. Selleks vajad sa Jumaliku Õpetaja abi.

Uks on alati avatud. Sa pead ainult sellest sisse kõndima.

Et vaimselt areneda

Küsija: Amma, ma olen nüüd juba mitu aastat mediteerinud. Sellegipoolest on mul tunne, et ma ei tee edusamme. Kas ma teen midagi valesti? Kas ma Sinu arvates teen õigeid vaimseid praktikaid?

Amma: Kõigepealt tahab Amma teada, mispärast sa arvad, et sa ei edene. Mis on sinu vaimse edasiliikumise mõõdupuu?

Küsija: Ma pole kunagi näinud mingeid nägemusi.

Amma: Mis laadi nägemusi sa ootad?

Küsija: Ma pole kunagi näinud jumalikku sinist valgust.

Amma: Kust sa tulid mõttele, et peaksid nägema sinist valgust?

Küsija: Üks mu sõber rääkis. Olen seda ka raamatutest lugenud.

Amma: Poeg, ära koorma end üleliigsete mõtetega oma *sadhana* [vaimsete praktikate] ja vaimse kasvu kohta. Nimelt selles ongi viga. Just sinu arusaamad vaimsuse kohta võivad saada komistuskiviks su teel. Sa teed õiget vaimset praktikat, aga sinu suhtumine on vale. Sa ootad, et sinu ette ilmuks jumalik sinine valgus. Ehkki sul pole vähimatki aimu, mis jumalik valgus on, arvad sa ometi, et see on sinine. Kes teab, võib-olla on see juba ilmunud, kuid sa ootasid konkreetselt sinist jumalikku valgust. Mis siis, kui jumalikkus otsustas end ilmutada punase või rohelise valgusena? Sel juhul sa magasid selle maha.

Kord ütles üks poeg Ammale, et ta ootab oma meditatsioonides rohelise valguse ilmumist. Niisiis soovitas Amma tal autoga sõites

39

ettevaatlik olla, sest ta võib niimoodi punase tule alt läbi sõita, arvates, et see on roheline. Taolised arusaamad vaimsuse kohta on tõeliselt ohtlikud.

Poeg, kõigi vaimsete praktikate eesmärk on kogeda rahu kõigis olukordades. Kõik muu – olgu tegemist valguse, heli või vormiga – tuleb ja läheb. Isegi kui sul esineb mingeid nägemusi, on need ajutised. Ainus püsiv kogemus on täielik rahu. See rahu ja meele tasakaalu kogemine on tõelise vaimse elu tegelik vili.

Küsija: Amma, kas on vale ihaldada taolisi kogemusi?

Amma: Amma ei ütle, et see on vale. Sellegipoolest ei maksa neile liiga palju tähtsust omistada, kuna see võib oluliselt aeglustada sinu vaimset kasvu. Kui need ilmnevad, lase neil olla. Selline on õige suhtumine.

Vaimse tee algetappidel on otsijal vaimsuse kohta palju väärarvamusi ja valestimõistmisi liigse elevuse ja vähese teadlikkuse tõttu. Näiteks tahavad mõned inimesed kirglikult saada nägemusi jumalatest ja jumalannadest. Mõned soovivad näha erinevaid värve. Paljusid inimesi kütkestavad ilusad helid. Kui palju inimesi raiskab ära terve oma elu, ajades taga *siddhi*sid [imevõimeid]. On ka selliseid inimesi, kes soovivad kogeda silmapilkselt *samadhi*t [algset loomulikku olemisseisundit] ja *moksha*t [vabanemist]. Inimesed on kuulnud palju lugusid ka *kundalini* [vaimne energia, mis peitub uinunud kujul selgroo alaosas] äratamisest. Tõelisel vaimsel otsijal ei ole kunagi taolisi kinnisideid. Sellised arusaamad võivad aeglustada meie vaimset arengut. Seetõttu on kohe algusest peale tähtis omada selget arusaama ning tervet, arukat lähenemist vaimsele elule. Kuulates valimatult ükskõik keda, kes väidab end olevat Õpetaja, ja lugedes valimatult raamatuid, segadus ainult suureneb.

Eneseteostuseni jõudnud hinge meel

Küsija: Milline on Eneseteostuseni jõudnud hinge meel?

Amma: See on meeleta meel.

Küsija: See on meele puudumine?

Amma: See on avardumine.

Küsija: Kuid ka nemad suhtlevad maailmaga. Kuidas on see ilma meeleta võimalik?

Amma: Nad kahtlemata "kasutavad" meelt maailmaga suhtlemiseks. Siiski, on väga suur erinevus tavainimese meelel, mis on täis erinevaid mõtteid, ja Mahatma meele vahel. Mahatmad kasutavad meelt, ent meid kasutab meel. Nad ei kalkuleeri, vaid on spontaansed. Spontaansus on südame loomus. Inimene, kes on täielikult samastunud meelega, ei saa olla spontaanne.

Küsija: Enamik maailmas elavaid inimesi on oma meelega samastunud. Kas Sa ütled, et nad kõik on oma loomuselt manipuleerivad?

Amma: Ei, paljudel juhtudel samastuvad inimesed oma südame ja positiivsete tunnetega. Kui inimesed on lahked, kaastundlikud ja hoolivad, siis elavad nad rohkem oma südames kui meeles. Kuid kas nad suudavad niimoodi alati käituda? Ei suuda, niisiis on inimesed enamasti samastunud oma meelega. Amma mõtles seda.

Küsija: Kui võime olla oma südamega täuslikus kooskõlas peitub igaühes, siis miks ei juhtu seda sagedamini?

Amma: Sest sinu praeguses seisundis on meel tugevam. Selleks et olla püsivalt häälestatud südame positiivsetele tunnetele, peaksid tugevdama ühendust oma vaimse südame vaikusega ja nõrgendama ühendust oma kärarikka meele häirimisega.

Küsija: Mis võimaldab inimesel olla spontaanne ja avatud?

Amma: Ego väiksem sekkumine.

Küsija: Mis juhtub, kui ego vähem sekkub?

Amma: Sind valdab suur sügav sisemine igatsus. Olgugi, et sa oled selleks pinnase ette valmistanud, ei toimu selle ajal ühtegi kalkuleerivat liigutust või pingutust. Selline tegutsemine, või mis see ka pole, muutub ääretult kauniks ja rahuldustpakkuvaks. See, mida sa sel ajal teed, kütkestab ka teisi. Sellised hetked on suuresti sinu südame väljendused. Sel hetkel oled sa lähemal oma tõelisele olemusele. Tegelikult tulevad sellised hetked väljastpoolt meelt ja mõistust. Toimub äkiline häälestumine Kõiksusele ja sa pääsed ligi universaalse energia allikale.

Täiuslikud Meistrid viibivad alaliselt selles spontaansuse seisundis ja nad loovad sama olukorra ka teiste jaoks.

Vahemaa Amma ja meie vahel

Küsija: Kui suur on vahemaa meie ja Sinu vahel?

Amma: Olematu ja lõpmatu.

Küsija: Olematu ja lõpmatu?

Amma: Jah, sinu ja Amma vahel ei ole absoluutselt mingit vahemaad. Aga samal ajal on see vahemaa ka lõpmatu.

Küsija: See kõlab vastuoluliselt.

Amma: Meele piirangute tõttu kõlab see vastuoluliselt. See kestab seni, kuni saavutad lõpliku eneseteostumise seisundi. Ükski selgitus, kui tahes tark või loogiline see ka poleks, ei kõrvalda seda vastuolu.

Küsija: Ma saan aru oma meele piirangutest. Sellegipoolest ma ei mõista, miks see peaks olema nii paradoksaalne ja mitmetähenduslik. Kuidas saab see olla olematu ja lõpmatu üheaegselt?

Amma: Esiteks, tütar, sa pole mõistnud oma meele piiratust. Meele väiksuse tõeline mõistmine tähendab Jumala, jumalikkuse suuruse mõistmist. Meel on suur taak. Kui sa seda kord tõeliselt mõistad, siis taipad ka selle suure meeleks nimetatava koorma kandmise mõttetust. Sa ei suuda seda enam kanda. See arusaamine aitab sul sellest loobuda.

Tütar, senikaua, kuni sa oled sisemise jumalikkuse osas teadmatuses, on vahemaa lõpmatu. Ent sel hetkel, kui sa jõuad valgustumiseni, sa ühtlasi mõistad, et mingit vahemaad pole kunagi olnudki.

Küsija: Mõistusega on kogu seda protsessi võimatu mõista.

44

Amma: Tütar, see on hea märk. Vähemalt oled sa seda meelt, et mõistusega pole võimalik sellest niinimetatud protsessist aru saada.

Küsija: Kas see tähendab, et sellist protsessi polegi?

Amma: Täpselt. Võtame näiteks inimese, kes sündis pimedana. Kas ta teab midagi valgusest? Ei, see vaene inimene tunneb ainult pimedust, mis on täiesti teine maailm, võrreldes nende omaga, keda on õnnistatud nägemisega.

Arst ütleb talle: "Kuule, su silmanägemist on võimalik operatsiooniga parandada. Silmi on vaja natuke korrigeerida."

Kui mees otsustab operatsiooni kasuks, nagu arst soovitab, siis tema pimedus peatselt kaob ja ilmub valgus, kas pole? Aga kust see valgus tuleb, kas kusagilt väljast? Ei, nägija ootas alati mehe enda sees. Samamoodi, kui sa korrigeerid oma sisemist nägemist vaimsete praktikate abil, siis ilmub su seest ka see juba ootel olev puhta teadmise valgus.

Amma toimimisviisid

Amma toimimisviisid on ainulaadsed. Õppetükid tulevad ootamatult ja neil on alati eriline hõng.

Hommikuse darshani ajal tõi üks ürituse registreeritud osavõtja kaasa naise, kes ei olnud registreeritud osavõtja. Märkasin uustulnukat ja teavitasin Ammat. Aga Amma eiras mind täielikult ning jätkas darshani andmist.

Ma mõtlesin: "Heakene küll; Ammal on kiire. Sellegipoolest, ma hoian õige kontvõõral silma peal." Nii et järgnevad minutid, olgugi et mu põhiline *seva* [isetu teenimine] oli pühendunute küsimuste tõlkimine Ammale, võtsin oma täiendavaks *seva*ks jälgida hoolikalt mitteregistreerunu iga liigutust. Ta püsis nagu takjas pühendunu küljes, kes oli ta toonud, nii et ma jälgisin neid pilguga kõikjal, ükskõik kuhu nad läksid. Samaaegselt andsin Ammale jooksvat teavet nende liikumistest. Ehkki Amma ei kuulanud mind, pidasin enda kohuseks seda siiski teha.

Niipea kui mõlemad asusid erivajadustega inimeste järjekorda, juhtisin innukalt sellele ka Amma tähelepanu. Ent Amma jätkas pühendunutele darshani andmist.

Vahepeal tuli paar pühendunut minu kõrvale. Viidates sissetungijale, lausus üks neist: "Näed seda naist? Ta on imelik. Ma kuulsin teda rääkimas. Ta on väga negatiivne. Minu arust pole mõistlik lasta tal saalis olla."

Teine pühendunu ütles tõsiselt: "Küsi Ammalt, mida me peaksime temaga tegema – ta välja viskama?"

Suure vaevaga õnnestus mul saada Amma tähelepanu. Ta tõstis lõpuks pilgu ja küsis: "Kus ta on?"

Olime kõik kolmekesi ülirõõmsad. Me mõtlesime – vähemalt mina mõtlesin –, et Amma toob varsti kuuldavale need kolm kõige meeldivamat sõna, mida me kõik kannatamatult lootsime kuulda: "Visake ta välja."

Kui Amma küsis: "Kus ta on?", viipasime kõik kolmekesi kohale, kus mitteregistreerunud naine istus. Amma vaatas teda. Nüüd ootasime põnevusega lõplikku kohtuotsust. Amma pöördus meie poole ja lausus: "Kutsuge ta siia." Me peaaegu kukkusime üksteisele otsa, et minna naist kutsuma.

Niipea kui naine oli darshani tooli lähedal, sirutas Amma käed ja lausus lahke naeratusega: "Tule, mu tütar." Võõras vajus spontaanselt Amma käte vahele. Meie silme all sai naine ühe kõige ilusama darshani. Amma tõmbas naise hellalt vastu oma õlga ja patsutas õrnalt tema selga. Siis, hoides naise nägu oma käte vahel, vaatas Amma talle sügavalt silma. Mööda naise põski voolasid pisarad ja Amma pühkis need kaastundlikult oma käega ära.

Suutmata talitseda oma pisaraid, seisin koos kahe "kolleegiga" darshani tooli taga täielikult leebunud meeleolus.

Niipea kui naine lahkus, vaatas Amma mulle otsa ja lausus naeratades: "Sa raiskasid täna hommikul nii palju energiat."

Täis aukartust, vaatasin Amma väikese kogu poole, kui Ta jätkas õndsuse ja õnnistuste jagamist oma lastele. Ehkki olin sõnatu, meenus mulle sel hetkel üks ilus Amma ütlemine: "Amma on nagu jõgi. Ta lihtsalt voolab. Mõned inimesed pesevad end jões. Teised kustutavad oma janu, juues tema vett. On inimesi, kes tulevad ujuma ja tema veest rõõmu tundma. Ent on ka inimesi, kes sülitavad temasse. Mis ka ei juhtu, jõgi aktsepteerib kõike ja voolab puutumatult edasi, kallistades kõike, mis tema rüppe satub."

Nii sain taas kogeda imelise hetke Amma, Ülima Meistri juures.

Ei mingit uut tõde

Küsija: Amma, kas sinu arvates on inimkonnal vaja uut tõde, et üles ärgata?

Amma: Inimkond ei vaja uut tõde. Vaja on näha olemasolevat Tõde. On ainult üks Tõde. See Tõde särab alati meie sees. See üks ja ainus Tõde ei saa olla ei uus ega vana. Ta on alati sama, muutumatu, alati uus. Küsida uut Tõde on sama, nagu eelkooli-õpilane küsib õpetajalt: "Õpetaja, te olete meile rääkinud, et 2+2 on 4 juba nii kaua aega. See on juba nii iganenud. Kas te ei võiks öelda midagi uut, et see on näiteks 5, mitte kogu aeg 4?" Tõde ei saa muuta. See on alati olemas olnud ja on alati olnud sama.

Uus aastatuhat on paljude vaimse ärkamise tunnistajaks nii idas kui läänes. See on tõepoolest ajastu vajadus. Kasvav teaduslike teadmiste kogus, mida inimkond on omandanud, peaks juhatama meid Jumalani.

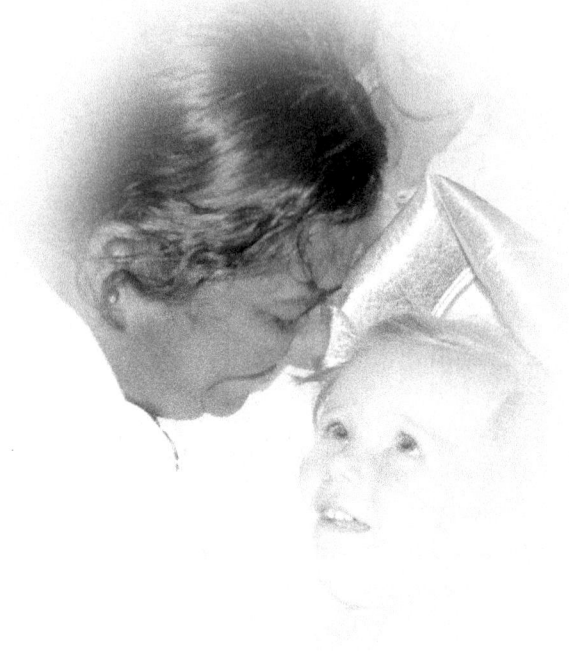

Tõde

Küsimus: Amma, mis on Tõde?

Amma: Tõde on see, mis on igavene ja muutumatu.

Küsija: Kas ausus on Tõde?

Amma: Ausus on ainult omadus, mitte Tõde, ülim tõelus.

Küsija: Kas see omadus pole osa Tõest, ülimast tõelusest?

Amma: Jah, nagu kõik on osa Tõest, ülimast tõelusest, nii ka ausus on osa sellest.

Küsija: Kui kõik on osa ülimast tõelusest, siis mitte ainult head omadused, vaid ka halvad omadused on osa sellest, kas pole?

Amma: Jah, aga tütar, sa oled ikka veel maa peal ega ole jõudnud nende kõrgusteni.

Oletame, et sa asud esimest korda lennukiga lendama. Kuni sa lähed lennuki peale, pole sul lendamisest mingit aimu. Sa vaatad ringi ja näed inimesi, nad räägivad ja hõikavad. Sa näed hooneid, puid, ringi sõitvaid autosid, kuuled laste nuttu ja nii edasi. Mõne aja pärast jõuad lennukisse. Lennuk tõuseb õhku ja lendab aeglaselt kõrgemale ja kõrgemale. Kui sa sel hetkel alla vaatad, näed kõike muutumas üha väiksemaks ja väiksemaks, kadudes lõpuks üksole-misse. Viimaks kaob kõik ja sind ümbritseb taeva avarus.

Sarnaselt, laps, oled sa ikka veel maapeal ega ole lennukile läi-nud. Pead hindama, omaks võtma ja praktiseerima häid omadusi ning hülgama negatiivsed omadused. Kui sa jõuad Eneseteostuse kõrgusteni, koged sa kõike Ühena.

Ühelauseline nõuanne

Küsija: Amma, kas sa saaksid mulle anda ühelauselise nõuande meelerahu saavutamiseks?

Amma: Püsiva või ajutise?

Küsija: Püsiva, loomulikult.

Amma: Siis leia oma Kõrgem Mina [Atman].

Küsija: Sellest on liiga raske aru saada.

Amma: Olgu peale, siis armasta kõiki.

Küsija: Kas need on kaks erinevat vastust?

Amma: Ei, ainult sõnad on erinevad. Oma Mina leidmine ja kõigi ühtviisi armastamine on põhimõtteliselt üks ja sama asi; need on vastastikuses sõltuvuses. (Naerdes) Poeg, see on juba rohkem kui üks lause.

Küsija: Palun vabandust, Amma, ma olen rumal.

Amma: Pole midagi; ära muretse. Kuid kas sa soovid jätkata?

Küsija: Jah, Amma. Kas rahu, armastus ja tõeline õnn arenevad koos meie *sadhana*ga [vaimsete praktikatega]? Või on nad ainult lõpptulemus?

Amma: Nii ühte kui teist. Siiski, vaid Sisemise Mina taasavastamisega saab ring täis ja järgneb täiuslik rahu.

Küsija: Mida sa ringi all silmas pead?

Amma: Meie sisemise ja välimise eksistentsi ringi, täiuslikkuse seisundit.

Küsija: Kuid pühakirjad ütlevad, et see juba on terviklik, on ring. Kui see juba on ring, siis mis mõtet on selle terviklikuks muutmisel?

Amma: Loomulikult on see täiuslik ring. Aga enamik inimesi ei mõista seda. Nende jaoks on seal täitmist vajav tühimik. Ja just katses täita seda tühimikku jookseb enamik inimesi ringi erinevate vajaduste, nõudmiste ja ihade nimel.

Küsija: Amma, ma olen kuulnud, et ülimas eneseteostuse seisundis pole sellist asja nagu sisemine ja väline eksistents.

Amma: Jah, aga see on ainult nende kogemus, kes on püsivalt sellises seisundis.

Küsija: Kas sellise seisundi intellektuaalne mõistmine aitab?

Amma: Aitab mida?

Küsija: Aitab mul vilksamisi pilku heita sellesse seisundisse?

Amma: Ei, intellektuaalne mõistmine rahuldab ainult intellekti. Ja isegi see rahuldus on ajutine. Sa võid arvata, et oled seda mõistnud, aga varsti kerkivad sul jälle kahtlused ja küsimused. Sinu arusaamine põhineb ainult piiratud sõnadel ja selgitustel; need ei saa sulle anda kogemust mõõtmatust.

Küsija: Niisiis, mis on parim viis?

Amma: Tee kõvasti tööd, kuni toimub alistumine.

Küsija: Mida sa pead silmas "kõva töö" all?

Amma: Amma peab silmas *tapas*ist [kasinus, vaimne distsipliin] kinnipidamist. Ainult *tapas*ist kinni pidades oled sa võimeline püsima olevikus.

Küsija: Kas *tapas* on pidev istumine ja pikki tunde mediteerimine?

Amma: See on ainult osa sellest. Iga tegevuse ja mõtte sooritamine selliselt, et see aitab meil saada üheks Jumalaga või Kõrgema Minaga, on tõeline *tapas*.

Küsija: Mis see täpselt on?

Amma: See on Sinu elu ohverdatuna Jumaliku teostuse eesmärgile.

Küsija: Ma olen pisut segaduses.

Amma (naeratades): Mitte pisut – sa oled suures segaduses.

Küsija: Sul on õigus. Aga mispärast?

Amma: Sest sa mõtled liiga palju vaimsusest ja meeleülesest seisundist. Lõpeta mõtlemine ja kasuta seda energiat selle tegemiseks, mida sa suudad. See annab sulle kogemuse – või vähemalt sissevaate – sellesse reaalsusesse.

Vajadus päevaplaani järele

Küsija: Amma, Sa ütled, et on vaja igapäevast distsipliini – näiteks päevaplaani, ja sellest võimalikult täpselt kinni pidada. Aga Amma, ma olen väikelapse ema. Mis siis, kui mu laps nutab, kui ma kavatsen mediteerima hakata?

Amma: See on väga lihtne. Hoolitse kõigepealt lapse eest ja siis mediteeri. Kui sa otsustad mediteerida, ilma et osutaksid tähelepanu lapsele, siis keskenduksid sa mediteerides ainult lapsele, mitte Minale või Jumalale.

Päevaplaani järgimine on kindlasti kasulik algetappidel. Samas, tõeline *sadhak* [vaimne õpilane] peaks kogu aeg, ööpäev läbi ennast valitsema.

Mõnel inimesel on harjumus juua otsekohe pärast ärkamist kohvi. Kui nad seda ühel päeval õigel ajal ei saa, tunnevad nad suurt rahutust. See võib isegi kogu nende päeva ära rikkuda, põhjustades kõhuvalu, kõhukinnisust ja peavalu. Sarnasel moel peaksid meditatsioon, palve ja mantrate kordamine olema *sadhak*i elu lahutamatu osa. Kui sa selle kordki vahele jätad, peaksid olema võimeline seda sügavalt tundma. Sellest peaks tekkima igatsus seda mitte kunagi vahele jätta.

Omapoolne pingutus

Küsija: Amma, mõned inimesed ütlevad, et kuna meie tõeline olemus on Atman [Kõrgem Mina], siis ei ole vaja vaimseid praktikaid sooritada. Nad ütlevad: "Mina olen See, absoluutne teadvus, nii et mis on sadhanate [vaimsete praktikate] tegemise mõte, kui ma juba olen See?" Kas sinu meelest on sellistel inimestel õigus?

Amma: Amma ei soovi öelda, kas neid inimestel on õigus või mitte. Ent Amma tunneb, et sellised inimesed kas teesklevad olevat sellised või on täielikult eksituses või on laisad. Amma mõtleb, et huvitav, kas need inimesed ütleksid: "Mul pole tarvis süüa ega juua, sest ma pole keha?"

Oletagem, et need inimesed viiakse söögisaali, kus on ilusasti lauale asetatud taldrikud, ent seal, kus peaksid olema luksuslikud road, on ainult paberilipikud, mille peale on kirjutatud "riis", "aurutatud juurviljad", "magus puding" ja nii edasi. Kas need inimesed oleksid valmis ette kujutama, et nad on söönud nii palju kui süda kutsub ja et nende nälg on täiesti kustutatud?

Seemnes peitub potentsiaalselt puu. Ent mis juhtuks, kui seeme arvaks isekalt: "Ma ei soovi kummardada maa ees. Ma olen puu. Mul pole vaja laskuda musta mulla alla." Kui seemne suhtumine on selline, siis ta lihtsalt ei idane, seemik ei tule välja ja ta ei saa kunagi puuks, mis pakuks varju ja vilju teistele. Pelgalt sellest, et seeme peab ennast puuks, ei juhtu midagi. Ta jääb seemneks edasi. Niisiis, ole seeme, aga olgu sul tahtmist kukkuda maha ja minna mulla alla. Siis hoolitseb maa seemne eest.

Arm

Küsija: Amma, kas arm on ülim otsustav tegur?

Amma: Arm on tegur, mis toob õige tulemuse õigel ajal ja õiges vahekorras vastavalt sinu tegudele.

Küsija: Kas isegi siis, kui sa pühendad end täielikult oma tööle, sõltub tulemus sellest, kui palju sul on armu?

Amma: Pühendumine on kõige tähtsam aspekt. Mida suurem on sinu pühendumine, seda avatum sa oled. Mida avatum sa oled, seda rohkem armastust sa koged. Mida suurem on sinu armastus, seda rohkem armu sa koged.

Arm on avatus. See on vaimujõud ja intuitiivne nägemine, mida sul on võimalik kogeda millegi tegemise ajal. Jäädes avatuks konkreetsele olukorrale, lased sa lahti oma ego ja lühinägelikud arusaamad. See muudab su meele paremaks kanaliks, mille kaudu *shakti* [jumalik energia] saab voolata. Arm on *shakti* ja tema ilmingute vool meie tegevuste kaudu.

Keegi võib olla suurepärane laulja. Kuid laval esinedes peaks ta laskma muusika *shakti*l voolata läbi enda. See toob endaga kaasa armu, mis aitab kaasa haarata kogu publiku.

Küsija: Kus on armu allikad?

Amma: Tõeline armu allikas on sisimas. Ent senikaua, kuni sa seda ei mõista, tundub see jäävat kuhugi kaugele ja kõrgele.

Küsija: Kaugele ja kõrgele?

Amma: Kaugel ja kõrgel tähendab algallikat, mis on sulle su praeguses vaimses seisundis tundmatu. Kui laulja laulab südamest, on ta ühenduses jumalikkusega, teispoolsusega. Kust tuleb südantliigutav muusika? Võib öelda et kõrist või südamest. Aga kui sa vaatad sisse, kas sa siis näed seda? Ei näe, nii et see tuleb kõrgemalt. See allikas ongi jumalikkus. Kui toimub lõplik eneseteostus, leiad sa selle allika enda seest.

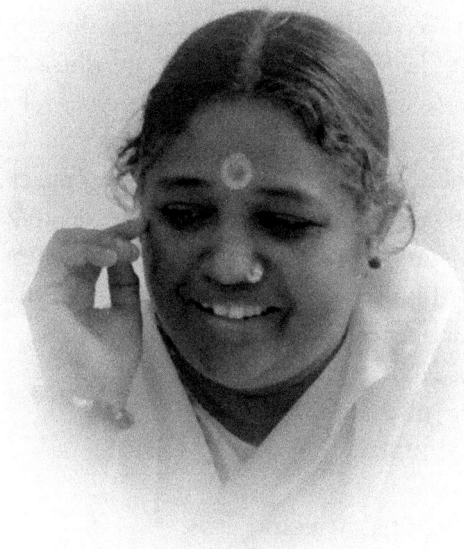

Sannyasa - loobumuslikkus

Küsija: Mida tähendab olla tõeline sannyasin [loobunu]?

Amma: Tõeline *sannyasin* on see, kes on ületanud kõik meele loodud piirangud. Praegusel hetkel oleme meele poolt hüpnotiseeritud. *Sannyasa* seisundis saame selle hüpnoosi haardest täielikult vabaks. Me ärkame üles nagu unenäost – nagu joobnu, kes tuleb pohmellist välja.

Küsija: Kas *sannyasa* tähendab ühtlasi ka Jumalikkuse saavutamist?

Amma: Amma väljendaks seda pigem niimoodi: *sannyasa* on seisund, milles inimene on võimeline nägema ja imetlema kõike loodut kui Jumalat.

Küsija: Kas tõelise loobunu tunnusmärgiks on alandlikkus?

Amma: Tõelisi loobunuid ei saa liigitada. Nad on sellest väljaspool. Kui sa ütled, et see või teine inimene on väga lihtne ja alandlik, on ikkagi tegemist "kellegagi", kes tunneb end lihtsa ja alandlikuna. Loobumuslikkuse seisundis see "keegi", mis on ego, kaob. Tavaliselt on alandlikkus kõrkuse vastand. Armastus on viha vastand. Samas pole tõeline loobunu ei alandlik ega ülbe – ta pole ei armastus ega viha. See, kes on saavutanud loobumuslikkuse, on kõigest väljaspool. Tal ei ole enam midagi võita ega kaotada. Kui nimetame tõelist loobunut "alandlikuks", ei tähenda see ainult kõrkuse puudumist, vaid see tähendab ka ego puudumist.

Keegi küsis Mahatmalt: "Kes sa oled?"

"Ma ei ole," vastas ta.

"Kas sa oled Jumal?"

"Ei, ma ei ole."

"Kas sa oled pühak või tark?"

"Ei, ma ei ole."

"Kas sa oled ateist?"

"Ei, ma ei ole."

"Siis kes sa oled?"

"Ma olen, mis ma olen. Ma olen puhas teadlikkus."

Sannyasa on puhta teadlikkuse seisund.

Jumalik mäng õhus

I stseen: Air India lend Dubaisse on just õhku tõusnud. Lennuki meeskond valmistub esimeseks kergete jookide serveerimiseks. Äkki tõusevad reisijad üksteise järel oma istekohtadelt püsti ja liiguvad rongkäiguna äriklassi suunas. Saamata aru, mis toimub, palub ehmunud personal kõigil oma kohtadele naasta. Mõistes, et see on täiesti tuluta, paluvad nad tungivalt kõiki koostööle, kuni nad lõpetavad toidu serveerimise.

"Me soovime saada Amma darshanit!" hõikavad reisijad.

"Me saame aru," vastab personal. "Lihtsalt palun kannatage seni, kuni me lõpetame serveerimise."

Reisijad annavad lõpuks lennupersonali soovile järele ja naasevad oma istekohtadele.

II stseen: Toidu serveerimine on nüüd lõppenud. Stjuardess ja stjuuard võtavad ajutiselt enda peale järjekorra korraldamise ning kontrollivad darshani järjekorda, mis liigub aeglaselt Amma istme suunas. Lühikese etteteatamise tõttu ei väljastatud darshani pileteid. Sellest hoolimata teeb lennumeeskond head tööd.

III stseen: Olles saanud Amma darshani, paistavad kõik reisijad väga õnnelikud ja rahulolevad. Nad istuvad oma kohtadele. Nüüd võtab järjekorda kogu meeskond, kaasa arvatud piloot ja teine piloot. Loomulikult olid ka nemad oma järjekorda oodanud. Igaüks saab emaliku kallistuse osaliseks. Sellega koos saavad nad ka Amma armastuse ja õnnistuse sosistuse, unustamatu kiirgava naeratuse ja maiustuse-*prasadi* [õnnistatud kingituse].

IV stseen: Sama asi kordub ka tagasilennul.

Poolehoid ja kaastunne

Küsija: Amma, mis on tõeline kaastunne?

Amma: Tõeline kaastunne on võime näha ja teada, mis on asjade taga. Ainult need, kel on võime näha kaugemale, saavad pakkuda tõelist abi ja teisi kõrgemale tõsta.

Küsija: Näha mille taha?

Amma: Näha keha ja meele taha, välise ilmingu taha.

Küsija: Aga Amma, mis on poolehoiu ja kaastunde vahe?

Amma: Kaastunne on tõeline abi, mida sa saad Tõeliselt Õpetajalt. Õpetaja näeb asjade taha. Seevastu poolehoid on ajutine abi, mida sa saad inimestelt enda ümber. Ja poolehoid ei suuda minna pealispinna alla ja asjade taha. Kaastunne on õige arusaamine ja sügavam teadmine inimesest, olukorrast ja sellest, mida ta tõeliselt vajab. Poolehoid on pealiskaudsem.

Küsija: Kuidas neil kahel vahet teha?

Amma: See on raske. Siiski, Amma toob sulle ühe näite. Ei ole haruldane, et kirurgid paluvad oma patsiendil üles tõusta ja kõndima hakata teisel või kolmandal päeval pärast rasket operatsiooni. Kui patsient ei soovi seda teha, siis hea arst, teades tagajärgi, alati sunnib patsienti voodist välja tulema ja kõndima. Nähes patsiendi valu ja kannatust, võivad tema sugulased öelda: "Kui julm see arst on! Miks ta sunnib teda kõndima, kui ta ei taha? See on liig!"
      Selles näites võib sugulaste suhtumist nimetada poolehoiuks ja arsti suhtumist kaastundeks. Kes selles näites tegelikult püüab haiget aidata – arst või sugulased? Kui patsient mõtleb: "See arst on kasutu. Pealegi, kes ta üldse on, et käsutada? Mida ta minust teab? Nii et las ta räägib, palju tahab, ma ei kavatse teda kuulata." Selline suhtumine ei aita patsienti kunagi.

Küsija: Kas poolehoid võib inimest kahjustada?

Amma: Kui me pole ettevaatlikud ja pakume oma poolehoidu, mõistmata konkreetse olukorra peenema tasandi aspekte ja inimese vaimulaadi, võib see olla kahjulik. Kahjulik on see, kui inimesed omistavad liiga palju tähendust poolehoidvatele sõnadele. See võib isegi muutuda kinnisideeks ja hävitada lõpuks inimese eristusvõime, ehitades tema ümber ahta kookonisarnase maailma. Inimene võib tunda lohutust, ent ei pruugi hakata ise ennast pingutama, et oma olukorrast välja tulla. Endale teadmata võivad sellised inimesed liikuda üha enam pimedusse.

Küsija: Amma, mida sa mõtled kookonisarnase maailma all?

Amma: Amma mõtleb seda, et sa kaotad võime vaadata sügavamalt enda sisse ja näha, mis tegelikult toimub. Sa omistad liiga suurt tähendust teiste inimeste sõnadele ja usaldad neid pimesi, kasutamata oma eristusvõimet.

Poolehoid on pealiskaudne armastus, tundmata probleemi tegelikku põhjust. Seevastu kaastunne on armastus, mis näeb probleemi tegelikku allikat ja tegeleb sellega vastavalt vajadusele.

Tõeline armastus on täieliku kartmatuse seisund

Küsija: Amma, mis on tõeline armastus?

Amma: Tõeline armastus on täieliku kartmatuse seisund. Hirm on meele lahutamatu osa. Seetõttu ei saa hirm ja tõeline armastus käia koos. Kui armastuse sügavus kasvab, siis hirmu tugevus tasapisi väheneb.

Hirm saab eksisteerida ainult siis, kui sa oled samastunud keha ja meelega. Meele nõrkuste ületamine ja armastuses elamine on Jumalikkus. Mida rohkem armastust sul on, seda rohkem jumalikkust sinu sisimas väljenduse leiab. Mida vähem armastust sul on, seda suurem on su hirm ja seda kaugemale liigud sa elu keskmest. Tegelikult on tõelise armastaja üks suurimaid omadusi hirmu puudumine.

Käsud ja keelud

Küsija: Amma, vaimses elus peetakse oluliseks puhtuse ja teiste moraalsete väärtuste arendamist. Ent on New Age'i gurusid, kes eitavad selle vajalikkust. Amma, mis on Sinu arvamus selle kohta?

Amma: See on vägagi tõsi, et moraalsed väärtused mängivad vaimses elus märkimisväärset rolli. Igal teel, olgu see vaimne või maine, on oma kindlad käsud ja keelud, mida järgida. Kui ettenähtud tingimusi ei täideta, siis on soovitud tulemuse saavutamine raske. Mida peenem on lõplik eesmärk, seda intensiivsem on selleni viiv teekond. Vaimne eneseteostus on kõigist kogemustest kõige peenem ning seetõttu on selleks vajalikud reeglid ja nõuded ranged.

Patsient ei saa süüa ja juua, mida ta tahab. Vastavalt haigusele on piiratud tema dieet ja liikumine. Kui neid ei jälgita, võib see mõjutada paranemise kulgu. Haigus võib isegi süveneda, kui patsient ei pea reeglitest ja juhistest kinni. Kas see on mõistlik, kui patsient küsib: "Kas ma tõesti pean täitma kõiki neid reegleid ja ettekirjutusi?" On muusikuid, kes harjutavad 18 tundi päevas, et saavutada täiuslikkust oma instrumendi valdamisel. Mis iganes on sinu huviala – olgu see vaimsus, teadus, poliitika, sport või kunstid –, sinu edu ja edasiminek selles valdkonnas sõltub täielikult sellest, kuidas sa asjale lähened, kui palju aega sa siiralt pühendad oma tulemuse saavutamisele ja kuivõrd sa järgid vajalikke põhimõtteid.

Küsija: Niisiis, kas puhtus on põhiline omadus, mida on vaja Eesmärgi saavutamiseks?

Amma: See võib olla puhtus. See võib olla armastus, kaastunne, andestus, kannatlikkus või püsivus. Lihtsalt vali üks omadus ja pea sellest kinni ülima usu ja optimismiga; ülejäänud omadused kaasnevad sellega automaatselt. Eesmärk on ületada meele piirangud.

Amma, ohverdus maailmale

Küsija: Amma, mida sa ootad oma õpilastelt?

Amma: Amma ei oota mitte kelleltki mitte midagi. Amma on ohverdanud ennast maailmale. Kui sa oled saanud ohverduseks, siis kuidas on võimalik kelleltki midagi oodata? Kõik ootused tulenevad egost.

Küsija: Aga Amma, Sa räägid palju alistumisest Gurule. Kas see pole ootus?

Amma: Tõsi, Amma räägib sellest, aga mitte sellepärast, et ta ootaks alistumist oma lastelt, vaid sellepärast, et see on vaimse elu tuum. Guru ohverdab kõik, mis tal on, õpilasele. Kuna Satguru [Täiuslik Meister] on täielikult alistunud hing, pakub ja õpetab tema kohalolek seda ka pühendunutele. See toimub iseenesest. Sõltuvalt õpilase küpsusest ja arusaamisest, võtab ta selle vastu või keeldub sellest. Ükskõik, milline õpilase suhtumine ka pole, annab Satguru lakkamatult. Ta ei saa teistmoodi.

Küsija: Mis toimub, kui õpilane alistub Satgurule?

Amma: Nagu lamp, mis süüdatakse suure lambi leegist, saab ka pühendunust valgus, mis juhatab maailma. Ka õpilasest saab Meister.

Küsija: Mis aitab selles protsessis kõige rohkem: Meistri vormiline või tema vormitu aspekt?

Amma: Mõlemad. Vormitu teadvus inspireerib pühendunut Satguru vormi kui puhta armastuse, kaastunde ja alistumise kehastuse kaudu.

Küsija: Kas pühendunu alistub Meistri vormile või vormitule teadvusele?

Amma: See algab alistumisega füüsilisele vormile. Ent see lõpeb alistumisega vormitule teadvusele, mis toimub siis, kui pühendunu jõuab Eneseteostuseni. Isegi, kui *sadhana* [vaimsete praktikate] esimestel etappidel õpilane alistub Meistri vormile, siis tegelikkuses alistub ta vormitule teadvusele, ainult et pühendunu ei ole sellest teadlik.

Küsija: Mispärast?

Amma: Sest õpilased tunnevad ainult keha: teadvus on neile täiesti tundmatu.

Tõeline pühendunu austab Guru vormi edasi oma tänulikkuse väljendusena Gurule armu jagamise ja tee näitamise eest.

Satguru vorm

Küsija: Kas Sa saaksid lihtsal moel selgitada Satguru [Tõelise Meistri] füüsilise vormi olemust?

Amma: Satguru on nii vormiga kui vormita, nagu šokolaad. Sel hetkel, kui sa selle omale suhu paned, sulab see ära ja muutub vormituks; see saab osaks sinust. Samamoodi, kui sa tõeliselt ammutad endasse Meistri õpetusi ja teed need oma elu osaks, saad sa aru, et Meister on vormitu ülim teadvus.

Küsija: Nii et kas me peaksime Amma ära sööma?

Amma: Jah, sööge Amma ära, kui saate. Ta soovib väga saada teie hinge toiduks.

Küsija: Amma, aitäh Sulle selle šokolaadi näite eest. Selle kaudu on seda väga lihtne mõista, sest mulle meeldib šokolaad.

Amma (naerdes): Aga ära seda üleliia armasta, sest see on su tervisele kahjulik.

Täuslikud õpilased

Küsija: Mida annab täiuslikuks õpilaseks saamine?

Amma: Täiuslikuks Meistriks saamise.

Küsija: Kuidas Sa ennast kirjeldaksid?

Amma: Kindlasti mitte millenagi.

Küsija: Siis?

Amma: Mitte millenagi.

Küsija: Kas see tähendab kõigena?

Amma: See tähendab, et Ta on alati olemas ja kõigile kättesaadav.

Küsija: Kas "kõik" tähendab kõiki neid, kes Sinu juurde tulevad?

Amma: "Kõik" tähendab igaüht, kes on avatud.

Küsija: Kas see tähendab, et Amma ei ole kättesaadav neile, kes pole avatud?

Amma: Amma füüsiline kohalolek on kõigile kättesaadav, kas nad siis tunnustavad Teda või mitte. Aga kogemus on kättesaadav ainult neile, kes on avatud. Lill on olemas, aga selle ilu ja lõhna kogevad vaid need, kes on avatud. Inimene, kelle nina on kinni, ei saa seda kogeda. Sarnaselt ei saa suletud südamed kogeda seda, mida Amma pakub.

Vedaanta ja loomine

Küsija: Amma, loomise kohta on olemas vastuolulisi teooriaid. Pühendumise tee järgijad väidavad, et maailma lõi Jumal, seevastu vedaantinid [mittedualistid] on seisukohal, et kõik on meele looming ja see on olemas ainult senikaua, kuni meel eksisteerib. Milline neist seisukohtadest on tõene?

Amma: Mõlemad nägemused on õiged. Kui pühendunu näeb Kõigekõrgemat Jumalat maailma loojana, siis vedaantin näeb brahmanit kõige aluseks oleva printsiibina, mis on muutuva maailma aluseks. Vedaantini jaoks on maailm meele projektsioon; seevastu pühendunule on see tema armsa Jumala *leela* [mäng]. Need võivad tunduda kahe täiesti erineva seisukohana, ent kui sellesse süüvida, siis leiad, et põhimõtteliselt on tegemist sama asjaga.

Nime ja vormi seostatakse meelega. Kui meele eksistents lõpeb, kaovad ka nimi ja vorm. Maailm ehk loodu koosneb nimedest ja vormidest. Jumal ehk Looja on tähenduslik ainult siis, kui eksisteerib loodu. Ka Jumalal on nimi ja vorm. Et nimede ja vormide maailm saaks sündida, on vaja vastavat põhjust – ja seda põhjust me nimetame Jumalaks.

Tõeline vedaanta on kõrgeim teadmiste vorm. Amma ei räägi vedaantast pühakirjade tekstide vormis või vedaantast, millest räägivad niinimetatud vedaantinid. Amma räägib vedaantast ülima kogemusena, elamise viisina, meele kõigutamatusena elu kõigis olukordades.

Ent see pole kerge. Kui ei toimu muutust, siis seda kogemust ei tule. See on intellektuaalse ja emotsionaalse tasandi pöördeline muutus, mis teeb meele peeneks, avarduvaks ja võimsaks. Mida peenemaks ja avaramaks meel muutub, seda enam muutub see "mitte-meeleks". Lõpuks meel kaob. Kui ei ole meelt, siis kus on Jumal ja kus on loodud maailm? Siiski, see ei tähenda, et maailm kaoks su silmist, aga toimub muutus ja sa näed Ühte paljudes.

Küsija: Kas see tähendab, et Jumala seisund on siis samuti illusioon?

Amma: Jah, ülimast vaatepunktist on vormiga Jumal illusioon. Ent see sõltub sinu sisemise kogemuse sügavusest. Sellegipoolest pole õige ka nende niinimetatud vedaantinide hoiak, kes egoistlikult tunnevad, et isegi Jumalate ja Jumalannade vormid on tähendusetud. Pidage silmas, et egost pole sel teekonnal kunagi mingit abi. Ainult alandlikkusest üksi on abi.

Küsija: Seda osa ma mõistan. Aga Amma, Sa mainisid veel, et ülimast vaatepunktist on vormiga Jumal illusioon. Niisiis Sa ütled, et erinevate Jumalate ja Jumalannade vormid on pelgalt meele projektsioon?

Amma: Lõppkokkuvõttes ongi. Mis iganes hävineb, ei ole tõene. Kõigil vormidel, isegi Jumalate ja Jumalannade omadel, on algus ja lõpp. See, mis sünnib ja sureb, on mõistuslik; see on seotud mõtteprotsessiga. Ja mis iganes on seotud meelega, muutub paratamatult, kuna ta eksisteerib ajas. Ainus muutumatu tõde on see, mis on igavene – meele ja intellekti aluspõhi. See on Atman [Kõrgeim Mina], eksistentsi ülim seisund.

Küsija: Kui isegi Jumalate ja Jumalannade vormid on ebatõesed, siis mis mõtet on ehitada templeid ja neid kummardada?

Amma: Ei, sa ei mõista asja mõtet. Jumalaid ja Jumalannasid ei saa lihtsalt niimoodi kõrvale heita. Inimestele, kes on veel samastunud meelega, kes ei ole veel jõudnud kõrgeimasse seisundisse, on need vormid kindlasti tegelikud ja nende vaimseks arenguks vägagi vajalikud. Need aitavad neid tohutult palju.

Riigi valitsus koosneb paljudest ametkondadest ja ministeeriumidest. Presidendist ja peaministrist allpool on lugematu hulk ministreid ja neile allub väga palju muid ametnikke ja mitmesuguseid teisi osakondi kuni abipersonali ja koristajateni välja.

Oletame, et sa soovid midagi ära teha. Sa lähed otse presidendi või peaministri juurde, eeldades, et sa neid tunned või sul on nendega mingi kontakt. See teeb sinu jaoks asjad palju kergemaks ja lihtsamaks. Sinu vajaduse eest – mis see ka pole – hoolitsetakse kohe. Aga enamikul inimestel ei ole otsekontakti või mõjuvõimu. Et asjad saaksid tehtud või et pöörduda kõrgemate võimude poole, peavad nad kinni pidama tavalisest asjade käigust – minema mõne madalama astme ametniku jutule või ametkonda, teinekord koguni abipersonali juurde. Sarnaselt, senikaua, kuni me elame füüsilisel tasandil ning samastume meele ja tema mõttemustritega, on meil vaja aktsepteerida ja tunnistada erinevaid jumalikkuse vorme, kuni loome otseühenduse sisemise puhta energia allikaga.

Küsija: Aga vedaantinid tavaliselt ei nõustu selle seisukohaga.

Amma: Millistest vedaantinidest sa räägid? Raamatukoi vedaantin, kes kordab pühakirju nagu dresseeritud papagoi või plaadimängija, ei pruugi nõustuda, aga tõeline vedaantin kindlasti nõustub. Vedaantin, kes ei aktsepteeri maailma ja pühendumise teed, pole tõeline vedaantin. Tõeline vedaanta aktsepteerib maailma ja tunnistab paljusust, ent näeb samal ajal ühte Tõde paljususes.

Vedaantin, kes peab armastuse teed madalamaks, pole ei vedaantin ega ka tõeline vaimne otsija. Tõelised vedaantinid ei saa teha oma vaimseid praktikaid ilma armastuseta.

Vorm viib sind vormitu juurde eeldusel, et sa teed oma vaimseid praktikaid õige suhtumisega. *Saguna* [vorm] on *nirguna* [vormitu] ilming. Kui seda lihtsat printsiipi ei mõisteta, siis mis mõtet on nimetada ennast vedaantiniks?

Küsija: Amma, Sa ütlesid, et pühendunu näeb maailma Jumala *leela*na. Mida *leela* tähendab?

Amma: See on ülima mitteklammerdumise ühesõnaline definitsioon. Ülimat *sakshi* [tunnistamise] seisundit, kus ei kasutata ühtegi autoriteedi vormi, tuntakse *leela*na. Kui me püsime meelest ja tema erinevatest projektsioonidest täielikult lahus, kuidas saaksime me tunda mingitki kiindumust või tajuda võimutunnet? Kõige sees ja väljas toimuva vaatlemine ilma sekkumata on tõeline lõbu, kaunis mäng.

Küsija: Me oleme kuulnud, et Amma lõpetas Krišna Bhava[2] ilmutamise sellepärast, et Sa olid sel ajal *leela* seisundis?

Amma: See oli üks põhjus. Krišna oli mitteklammerdunud. Ta osales aktiivselt kõiges, ent jäi täiesti mitteklammerduvaks, distantseerides

---

[2] Algselt kehastas Amma nii Krišna kui Devi Bhavat (jumalikku olekut, st kehastas nii Krišnat kui Devit ehk jumalannat), kuid Ta lõpetas Krišna Bhava 1983. aastal.

ennast sisemiselt kõigest, mis toimus tema ümber. See on lahke naeratuse tähendus, mis oli alati Krišna kaunil näol.

Krišna Bhava ajal, isegi kui Amma kuulas pühendunute probleeme, oli Tal neisse alati mängulisem ja mitteklammerduvam suhtumine. Selles seisundis polnud ei armastust ega ka armastuse puudumist, ei kaastunnet ega kaastunde puudumist. See ei väljendanud emalikku kiindumust ja seost, mis on vajalik, et arvestada pühendunu tunnetega ja väljendada sügavat hoolt. See oli kõigest väljaspool olemise seisund. Amma arvas, et see ei aita pühendunuid eriti palju. Niisiis otsustas Ta armastada ja teenida oma lapsi nagu ema.

Kas sa oled õnnelik?

Küsija: Amma, ma olen kuulnud, et sa küsid darshanile tule-vatelt inimestelt: "Kas sa oled õnnelik?". Miks sa seda küsid?

Amma: See on nagu kutse olla õnnelik. Kui sa oled õnnelik, siis oled avatud ja Jumala armastus ehk *shakti* [jumalik energia] saab sinusse voolata. Nii et tegelikult palub Amma inimesel olla õnnelik, et Jumala *shakti* saaks temasse voolata. Kui sa oled õnnelik, kui sa oled avatud ja vastuvõtlik, siis jõuab sinuni üha rohkem ja rohkem õnne. Kui sa oled õnnetu, siis sa oled sulgunud ja sa kaotad kõik. See, kes on avatud, on õnnelik. See tõmbab Jumala sinusse. Ja kui sa pead oma sisimas Jumalat kalliks, oled sa kindlasti õnnelik.

Hea eeskuju

Meie Santa Fe'sse saabumise päeval tibutas vihma. "Santa Fe's on alati nii. Pärast pikka põuda hakkab sadama just siis, kui Amma kohale jõuab," ütles Amma vastuvõtja New Mexico Amma Keskusest.

Jõudsime vastuvõtja majja pimedas. Amma viivitas veidi autost väljumisega. Niipea, kui Amma autost väljus, pakkus vastuvõtja talle sandaale. Ta hakkas seejärel auto esiotsa poole minema, soovides juhatada Amma majja.

Amma astus paar sammu auto esiotsa poole, pööras siis aga ootamatult ringi ja ütles: "Ei, Ammale ei meeldi minna auto esiosast mööda. See on auto nägu. See oleks lugupidamatu. Amma ei soovi nii teha." Seda lausudes kõndis Amma auto tagant mööda ja sisenes majja. See pole ainus kord, kui Amma niimoodi käitus. Amma teeb nii alati, kui ta autost väljub.

See on suurepärane näide selle kohta, kuidas Amma südant jagub kõigele – isegi elututele asjadele.

Suhted

Darshanit saades pöördus üks inimene minu poole ja lausus: "Palun küsi Amma käest, kas mul on võimalik lõpetada kohtamas käimine ja armusuhetesse sattumine?"

Amma (kelmikalt naeratades): Mis juhtus, kas sinu armsam jooksis kellegagi minema?

Küsija (äärmiselt üllatunud ilmega): Kuidas Sa seda teadsid?

Amma: Lihtsalt – see on üks neid olukordi elus, mil inimestel tekivad taolised mõtted.

Küsija: Amma, mind teeb armukadedaks mu tüdruku jätkuv sõbrustamine oma eelmise kallimaga.

Amma: Kas see on põhjus, miks sa soovid lõpetada kohtamise ja armusuhetesse sattumise?

Küsija: Mul on sarnastest juhtumitest elus kõrini ja see ajab mind ahastusse. Mis liig, see liig. Nüüd ma tahan rahu saada ja keskenduda oma vaimsetele praktikatele.

Amma ei küsinud rohkem midagi. Ta jätkas darshani andmist. Mõne aja pärast küsis mees minult: "Huvitav, kas Amma annab mulle mingit nõu?" Amma kuulis teda minuga rääkimas.

Amma: Poeg, Amma arvas, et sa jõudsid juba otsusele, mida teha. Kas sa mitte ei öelnud, et sul on taolistest asjadest kõrini? Nüüdsest soovid elada rahulikku elu ja keskenduda oma vaimsetele praktikatele, kas polnud nii? See tundub olevat igati õige lahendus. Nii et mine ja tee seda.

Mees oli natuke aega vait, aga näis rahutu. Ühel hetkel pööras Amma pilgu temale. Amma pilgus ja naeratuses nägin Suurt Meistrit, kes viibutab käes võlukepikest, olles valmis midagi välja võluma ja pinnale tooma.

Küsija: See tähendab, et Ammal ei ole mulle mitte midagi öelda, on nii?

Äkitselt hakkas vaene mees nutma.

Amma (tema pisaraid pühkides): Lase tulla, poeg, mis sul tegelikult mureks on? Ava end ja räägi Ammale.

Küsija: Amma, aasta tagasi sain ma temaga tuttavaks ühe Amma programmi ajal. Kui me teineteisele silma vaatasime, teadsime, et oleme teineteise jaoks loodud. Nii see algas. Ja nüüd järsku tuli see mees – tema endine kallim – meie vahele. Ta väidab, et nad on oma endise kallimaga ainult sõbrad, aga on olukordi, kus ma tõsiselt kahtlen tema sõnades.

Amma: Mispärast sulle nii tundub, kui ta on vastupidist väitnud?

Küsija: Olukord on selline: praegu oleme nii mina kui tema endine kallim siin Amma programmil. Ta veedab rohkem aega temaga kui minuga. Ma olen väga ärritatud. Ma ei tea, mida teha. Ma olen masenduses. Mul on raske keskenduda Ammale, mis on minu siinoleku eesmärk. Minu meditatsioon ei ole enam sama intensiivne ning ma ei suuda isegi hästi magada.

Amma (naljatades): Tead mis? Võib-olla too mees kiidab teda, öeldes: "Vaata, kallis, sa oled maailma kõige kaunim naine. Ma ei suuda isegi mõelda ühestki teisest naisest pärast sinuga kohtumist." Võib-olla avaldab ta naisele rohkem armastust, laseb tal palju rääkida, olles vait isegi siis, kui tahaks tegelikult vastu vaielda. Kõige tipuks ostab ta naisele kindlasti palju šokolaadi! Vastupidi tollele mehele, võib naisel sinust olla mulje kui riiukukest, kes alati tema kallal norib ja tülitseb ja nii edasi.

Neid sõnu kuuldes puhkesid nii mees kui ka pühendunud, kes istusid Amma ümber, südamest naerma. Ent ta oli piisavalt aus ja tunnistas Ammale üles, et on tõepoolest enam-vähem selline, nagu Amma kirjeldas.

Amma (teda seljale patsutades): Kas sa tunned naise suhtes suurt viha ja vaenu?

Küsija: Jah, tunnen. Ma tunnen rohkem viha mehe suhtes. Ma ärritun metsikult!

Amma katsus tema peopesa. See oli tulikuum.

Amma: Kus naine praegu on?

Küsija: Kusagil siin.

Amma (inglise keeles): Go talk. (Mine räägi temaga.)

Küsija: Now? (Nüüd kohe?)

Amma (inglise keeles): Yes, now. (Jah, kohe.)

Küsija (inglise keeles): I don't know where she is. (Ma ei tea, kus ta on.)

Amma (inglise keeles): Go look. (Mine otsi.)

Küsija: Olgu, ma lähen. Aga ma pean kõigepealt leidma mehe, sest seal on ka tema. Aga Amma, ütle mulle nüüd: kas ma peaksin seda suhet jätkama või selle lõpetama? Kas sinu arvates on võimalik suhet taastada?

Amma: Poeg, Amma teab, et sa oled ikka veel temasse kiindunud. Kõige tähtsam on veenduda ise, et see tunne, mida sa nimetad armastuseks, pole armastus, vaid kiindumus. Ainult selline veendumus aitab sul praegusest ärritatud meeleseisundist välja tulla. Ükskõik, kas sul õnnestub suhe taastada või see ebaõnnestub, aga kui sa pole võimeline tegema selget vahet kiindumuse ja armastuse vahel, siis kannatad sa edasi.

Amma räägib sulle ühe loo. Kõrge ametnik külastas kord vaimuhaiglat. Arst viis ta ringkäigule. Ühes palatis leidis ta patsiendi, kes kordas toolil edasi-tagasi kiikudes: "Pumpum...Pumpum... Pumpum..." Ametnik uuris tema haiguse põhjust ja küsis arsti käest, kas nime ja haiguse vahel on mingi seos.

Arst vastas: "See on kurb lugu. Pumpum oli tüdruk, keda ta armastas. Tüdruk jättis ta maha ja jooksis teisega minema. Pärast seda läks mees hulluks."

"Vaeseke," nentis ametnik ja nad läksid edasi. Ent ta oli väga üllatunud, nähes järgmises palatis teist inimest, kes kordas: "Pumpum... Pumpum... Pumpum...", tagudes samal ajal lakkamatult pead vastu seina. Hämmingus ametnik küsis arsti poole pöördudes: "Mida see tähendab? Kuidas on võimalik, et ka see patsient kordab sama nime? Kas siin on mingi seos?"

"Jah, härra," kostis arst. "See on see mees, kes lõpuks Pumpumiga abiellus."

Mees pahvatas naerma.

Amma: Vaata, poeg, armastus on nagu lille õitselepuhkemine. Seda pole võimalik jõuga avada. Kui sa lille vägisi avad, siis lõhud kogu ilu ja lõhna ning ei sina ega keegi teine saa sellest midagi. Ent kui sa lased sel avaneda iseenesest, loomulikult, siis võid nautida sulnist lõhna ja värvilisi kroonlehti. Nii et ole kannatlik, jälgi ennast. Ole peegel ja proovi näha, kus sa oled eksinud ja kuidas.

Küsija: Ma arvan, et minu armukadedus ja viha lõpeb ainult siis, kui ma abiellun Jumalaga.

Amma: Jah, täpselt nii! Ole Jumala peig. Ainult ühendus vaimse tõega võimaldab sul kõrgemale tõusta ning leida tõelist rahu ja õnne.

Küsija: Kas Sa aitad mind selles protsessis?

Amma: Amma abi on alati olemas. Sa pead seda lihtsalt nägema ja vastu võtma.

Küsija: Suur, suur aitäh Sulle, Amma. Sa oled mind juba aidanud.

Mida teeb Tõeline Meister?

Küsija: Amma, mida annab Satguru [Tõeline Meister] õpilasele?

Amma: Satguru aitab õpilasel näha oma nõrkusi.

Küsija: Kuidas see õpilast aitab?

Amma: Tõeliselt näha tähendab mõista ja omaks võtta. Kui õpilane tunnistab oma vigu, on neist kergem vabaneda.

Küsija: Amma, kui sa ütled "nõrkused", kas sa viitad egole?

Amma: Viha on nõrkus; armukadedus on nõrkus; õelus, isekus ja hirm on kõik nõrkused. Jah, kõigi nende nõrkuste algpõhjus on ego. Meelt kõigi oma piirangute ja nõrkustega tuntakse egona.

Küsija: Nii et põhimõtteliselt Sa väidad, et Satguru ülesanne on töötada õpilase ego kallal.

Amma: Satguru ülesanne on aidata õpilasel mõista, kui tühine on see väiklane nähtus, mida tunneme egona. Ego on nagu leek, mis põleb väikeses savilambis õli sees.

Küsija: Miks on tähtis ego tühisust teada?

Amma: Sest egos ei ole midagi uut ega tähelepanuväärset. Kui on võimalik kogeda päikesepaistet, siis miks peaksime muretsema selle väikese leegi pärast, mis võib iga hetk kustuda?

Küsija: Amma, kas Sa saaksid palun seda mõtet natuke rohkem selgitada?

Amma: Sa oled tervik, jumalikkus. Sellega võrreldes pole ego midagi muud kui väike leek. Niisiis, ühelt poolt Satguru kõrvaldab ego. Ent teiselt poolt annab ta sulle terviku. Satguru tõstab sind kerjusest keisri seisusesse, Universumi valitseja seisusesse. Satguru teeb sinust kui lihtsast vastuvõtjast andja – kõige andja neile, kes sulle lähenevad.

Mahatma teod

Küsija: Kas on tõsi, et mis tahes Mahatma teol on tähendus?

Amma: On parem öelda, et mida iganes Eneseteostuseni jõudnud hing teeb, sellel on jumalik sõnum, mis annab edasi elu sügavamaid põhitõdesid. Isegi näiliselt tähenduseta asjad, mida nad teevad, kannavad sellist sõnumit.

Kunagi oli üks Mahatma, kelle ainus ülesanne oli veeretada suuri kive üles mäkke. See oli ainus töö, mida ta tegi kuni oma surmani. Ta ei tüdinenud iialgi ära ega kurtnud kunagi. Inimesed arvasid, et ta on hull, aga ta polnud. Mõnikord kulus tal omal jõul rahnu mäe otsa veeretamiseks palju tunde või koguni päevi. Ja kui tal õnnestus see sinna saada, lükkas ta selle alla. Vaadates, kuidas rahn mäe otsast orgu veereb, plaksutas Mahatma käsi ja naeris nagu väike laps.

Tõus ükskõik mis tegevusalal nõuab palju julgust ja energiat, aga kogu raske tööga saavutatu hävitamiseks ei kulu rohkem kui silmapilk. See kehtib ka vooruste kohta. Nõnda polnud see Suur Hing sugugi kiindunud oma siirasse pingutusse, mis tal kulus rahnu ülesmäge veeretamiseks. Seetõttu suutis ta naerda nagu laps – ülima mittekiindumuse naeru. Arvatavasti soovis ta neid õppetükke kõigile õpetada.

Inimesed võivad erinevalt tõlgendada ja arvustada Mahatma tegusid. Seda ainult seetõttu, et nende meelel puudub peenus, mida on vaja pealispinnast läbi nägemiseks. Inimestel on ootused, aga tõeline Mahatma ei saa täita kõigi ootusi.

Amma kallistused äratavad

K üsija: Kui keegi ütleks Sulle, et suudab teha sedasama, mida Sina teed – see tähendab, inimesi kallistada –, mida Sa siis vastaksid?

Amma: See oleks imeline. Maailm vajab üha rohkem kaastundlikke südameid. Amma oleks õnnelik, kui veel keegi peaks oma dharmaks [seadmuseks, kohuseks] kallistada inimesi tõelise armastuse ja kaastundega – sest üks Amma ei suuda füüsiliselt kallistada kogu inimkonda. Siiski, tõeline ema ei kurda kunagi selle eneseohverduse pärast, mida ta oma laste heaks teeb.

Küsija: Amma, mis toimub, kui sa inimesi kallistad?

Amma: Kui Amma kallistab inimesi, siis pole see lihtsalt füüsiline kontakt. See armastus, mida Amma tunneb kogu Loodu vastu, voolab igasse inimesse, kes Tema juurde tuleb. See puhta armastuse vibratsioon puhastab inimesi ja see aitab kaasa nende sisemisele ärkamisele ja vaimsele kasvule.

Tänapäeva maailmas vajavad nii mehed kui naised ärkamist emalikele omadustele. Amma kallistused aitavad inimestel sellest üldisest vajadusest teadlikuks saada.

Armastus on ainus keel, mida mõistab iga elusolend. See on universaalne. Armastus, rahu, meditatsioon ja *moksha* [vabanemine] on universaalsed.

Kuidas muuta maailm Jumalaks

K**üsija:** Pereinimesena on mul väga suur vastutus ja palju kohustusi. Milline peaks olema minu hoiak?

Amma: Ole sa pereinimene või munk, kõige tähtsam on see, mismoodi sa suhtud ellu ja kõigisse kogemustesse, mida see toob, ning kuidas sa neid peegeldad. Kui sinu suhtumine on positiivne ja leplik, elad sa Jumalaga isegi siis, kui viibid maailmas. Siis muutub maailm Jumalaks ning sa koged Jumala kohalolekut igas hetkes. Ent negatiivne hoiak toob kaasa täpselt vastupidise tulemuse – siis sa valid elu koos kurjaga. Siira *sadhak*i [vaimse õpilase] eesmärk peaks olema oma meele ja selle madalate kalduvuste tundmine ning lakkamatu püüd neist üle saada.

Ühelt Mahatmalt küsiti kunagi: "Teie pühadus, kas Te olete kindel, et lähete pärast surma taevasse?"

Mahatma vastas: "Jah, loomulikult."

"Aga kuidas Te teate seda? Te pole surnud ja te isegi ei tea, mis on Jumalal teie jaoks varuks."

"Tõsi küll, mul pole mingit aimu, mis on Jumalal varuks, kuid ma tunnen omaenda meelt. Olen alati õnnelik, ükskõik kus ma ka pole. Seetõttu, isegi kui ma olen põrgus, olen ma õnnelik ja rahul," vastas Mahatma.

Selline õnn ja rahu on tõepoolest taevalik. Kõik sõltub sinu meelest.

Amma sõnade jõud

M ul on olnud see kogemus mitte üks kord, vaid sadu kordi. Oletame, et keegi esitab mulle küsimuse või tuleb minu juurde tõsise probleemiga. Ma proovin küsimusele vastata ja probleemiga tegeleda võimalikult ilmekalt ja loogiliselt.

Siiralt tänades ja tunnustust avaldades läheb ta minema, minu lahenduse üle pealtnäha õnnelikuna, ja mina vaatan teda kerge eneseuhkusega. Ent peagi näen, et sama inimene läheb teise *swami* juurde ja esitab sama küsimuse – selge märk sellest, et ta polnud minu nõuandega rahul. Ent see inimene kannatab üha edasi.

Lõpuks tuleb inimene Amma juurde. Amma vastab tema küsimusele samamoodi. See tähendab, et sõnad ja mõnikord isegi näited on samad. Aga inimeses toimub äkiline muutus. Kahtluse, hirmu ja kurbuse vari kaob täielikult ja inimese nägu lööb särama. Vahe on tõesti suur.

Ma mõtlen alati: "Millest see vahe tuleb? Amma ei ütle midagi uut. Aga selle mõju on tohutu."

Võtame näiteks järgmise vahejuhtumi. Kui Amma pakkus ühe ürituse ajal lõunat, tuli minu juurde üks India arst, kes oli elanud viimased 25 aastat Ameerika Ühendriikides, ja ütles: "See on minu esimene kohtumine Ammaga. Ma sooviksin rääkida sinu või teise *swami*ga."

Seejärel rääkis naine mulle väga südantliigutava loo. Mõni aasta tagasi läks tema mees palverännakule Kailasi mäele Himaalajas. Seal sai ta südamerabanduse ja suri kohapeal. Naine ei suutnud valust ja kurbusest lahti lasta. Ta lausus: "Ma tunnen Jumala vastu viha. Jumal on halastamatu." Kuulasin tema lugu nii suure kaastundega, kui vähegi suutsin.

Ma rääkisin temaga ja proovisin teda veenda surma vaimsetes aspektides ning rääkisin talle mitmeid Amma näiteid.

Kui ma oma nõuanded kokku võtsin, ütlesin talle, et tegelikult oli tema abikaasal vedanud, kui ta tegi oma viimase hingetõmbe Jumal Šiva pühas elupaigas. "Tal oli suurepärane surm," tuletasin talle meelde.

Lõpuks lausus naine lahkudes: "Suur tänu teile. Sellegipoolest tunnen ikka suurt valu."

Järgmisel hommikul tuli naine darshanile. Enne kui ma jõudsin Ammale sõnakestki tema loost rääkida, vaatas Amma talle sügavalt silma ja küsis inglise keeles: "Sad?" (Kurb?)

Amma ilmselt tundis tema sügavat kurbust. Kuni ma Ammale tema lugu rääkisin, surus Amma naist suure soojusega enda vastu. Mõne aja pärast tõstis Amma õrnalt naise näo ja vaatas talle uuesti sügavalt silma. "Surm ei ole lõpp; see ei ole täielik olematuks muutumine. See on uue elu algus," ütles ta. "Sinu abikaasal vedas. Amma näeb teda õnneliku ja rahulikuna. Seepärast ära kurvasta."

Naine lõpetas äkitselt nutmise ja tema näol oli sügav rahu.

Sel õhtul nägin teda uuesti. Temast paistis suur kergendus. Naine rääkis: "Ma olen nüüd nii rahulik. Amma on mind tõesti õnnistanud. Ma ei tea, kuidas Ta suutis nii äkitselt kogu minu kurbuse ära võtta."

Hiljem, sama küsimus mõttes, pärisin Ammalt: „Amma, mismoodi kutsuvad Sinu sõnad esile nii suure muutuse? Mispärast ei juhtu sama siis, kui meie räägime?"

"Sest sa oled abielus maailmaga ja lahutatud jumalikust."

"Amma, minu mõistus tahab rohkem selgitusi. Nii et palun, kas Sa oleksid nii hea ja selgitaksid seda natuke lähemalt."

"Maailmaga abielus tähendab sedasama mis meelega samastunud, mille tulemuseks on kiindumine maailma mitmekesisusse ja selle asjadesse. See hoiab sind eraldatuna või lahus sinu sisemisest jumalikust olemusest.

See on nagu hüpnoosiseisund. Kui me oma meele hüpnoosist välja tuleme, toimub sisemine lahknemine. Selles seisundis võid endiselt tegutseda maailmas, aga sinu sisemine abielu või ühendus jumalikuga aitab sul näha maailma petlikku, muutuvat loomust. Seetõttu jääd sa puutumatuks ehk mitteklammerduvaks. Sa pole enam maailma ja selle asjade poolt hüpnotiseeritud. Nimelt see on Eneseteostuse ülim seisund. See tähendab mõistmist, et ühenduses või abielus maailmaga pole tõde. Tõde seisneb jumalikuga taasühinemises ja sellega igaveseks abiellu jäämises. Vrindavani *gopi*d [lehmakarjuste naised] pidasid end Jumal Krišna pruutideks. Sisimas olid nad abielus temaga, jumalikuga, ja jäid maailmast lahutatuks."

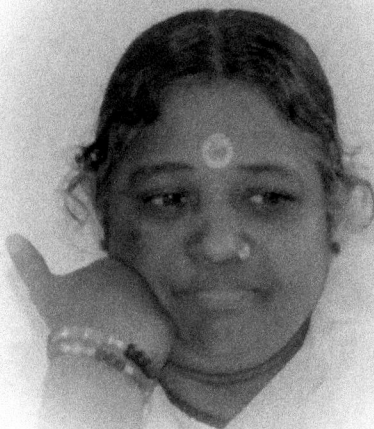

Teadlased ja pühakud

Vastus pühendunule, kes esitas küsimuse mitteusklike kohta.

Amma: Kas me ei usu teadlasi, kui nad räägivad Kuust ja Marsist? Ent kui paljud meist saavad tõepoolest kinnitada, et see, mis nad räägivad, on tõsi? Sellegipoolest me usaldame teadlaste ja astronoomide sõnu, kas pole? Sarnaselt viisid mineviku pühakud ja targad läbi aastatepikkuseid katseid oma "sisemistes laboratooriumides" ja mõistsid ülimat tõde, mis on universumi aluseks. Nii nagu me usaldame teadlaste sõnu, kes räägivad faktidest, mis on meile tundmatud, peaks meil olema usku ka Suurte Õpetajate sõnadesse, kes räägivad Tõest, milleni nad on jõudnud.

Kuidas mõtetest kõrgemale tõusta?

Küsija: Amma, tundub, et mõtetele ei tule mingit lõppu. Mida rohkem me mediteerime, seda rohkem mõtteid tuleb. Miks see nii on? Kuidas mõtteid kõrvaldada ja neist kõrgemale tõusta?

Amma: Mõtted, mis moodustavad meele, on tegelikult elutud. Nad saavad oma jõu Atmanilt. Mõtted on meie oma looming. Me muudame nad tegelikkuseks, tehes nendega koostööd. Kui me võtame oma toetuse ära, siis nad kaovad. Jälgi mõtteid teraselt, ilma neid nimetamata. Siis sa näed, et nad kaovad lõpuks ära.

Meel on mõtteid ja soove kogunud terve igaviku – erinevate kehastuste jooksul, milles oled sündinud. Kõik need emotsioonid on sügavale sinu sisimasse kätketud. Mida sa näed või koged meele pinnal, on ainult väike osa sisemuses peituvatest uinunud kihtidest.

Kui sa proovid meelt meditatsiooni abil vaigistada, siis kerkivad need mõtted aeglaselt pinnale. See on sama, mis puhastada põrandat, mida pole kaua aega pestud. Kui nüüd seda tegevust alustada, siis mida rohkem me peseme, seda rohkem mustust tuleb pinnale, kuna see põrand on mustust kogunud aastaid.

Sarnane lugu on ka meelega: varem ei pööranud me mingit tähelepanu erinevatele mõtetele, mis tulvasid läbi meie meele. Nii nagu must põrand, on ka meel kogunud mõtteid, tahtmisi ja emotsioone väga kaua aega. Me oleme teadlikud ainult pinnapealsetest. Ent pinna all on lugematuid mõtete ja emotsioonide kihte. Nii nagu põranda pesemise käigus tuleb üha rohkem mustust pinnale, ilmub meie meditatsiooni süvenedes esile üha rohkem mõtteid. Jätka puhastamist ja nad kaovad.

Tegelikult on hea, kui nad välja ilmuvad. Sest kui sa neid kord juba näed ja ära tunned, on neid lihtsam kõrvaldada. Ära kaota kannatlikkust. Ole järjekindel ja jätka oma *sadhana*t [vaimseid praktikaid]. Omal ajal saavutad sa jõu nende ületamiseks.

Vägivald, sõda ja lahendus

Küsija: Mida saavad inimesed teha, et lõpetada sõda ja kannatused?

Amma: Olge kaastundlikumad ja mõistvamad.

Küsija: See ei pruugi olla kohene lahendus.

Amma: Kohene ja kiire lahendus on peaaegu võimatu. Ajaga piiritletud programmi rakendamine ei pruugi samuti tulemust anda.

Küsija: Aga see ei vasta maailma rahuarmastavate inimeste soovile. Nad tahavad kiiret lahendust.

Amma: See on hea. Las see kihk leida kiireid lahendusi kasvab senikaua, kuni sellest saab tugev igatsus. Ainult väga sügavast igatsusest kasvab välja kiire lahendus.

Küsija: Paljud vaimse suunitlusega inimesed on seisukohal, et väljaspool toimuv vägivald või sõda on ainult sisemise vägivalla ilming. Mida Sina sellest arvad?

Amma: See on tõsi. Siiski, oleks vaja mõista üht asja – nimelt, nii nagu vägivald on inimmeele osa, on seda kahtlemata ka rahu ja õnn. Ja kui inimesed tõesti soovivad, võivad nad leida rahu nii sisimas kui väljaspool. Miks on inimesed rohkem keskendunud meele agressiivsele ja destruktiivsele aspektile? Miks jätavad nad täiesti märkamata lõputu kaastunde ja loovuse kõrgused, mida seesama meel on võimeline saavutama?

Lõppkokkuvõttes pole kõik sõjad midagi muud kui meele soov väljendada oma sisemist vägivalda. Meelel on primitiivne, arenemata või alaarenenud aspekt. Sõda on selle primitiivse meele osa tulemus. Meele sõjakas loomus on lihtsalt näide, mis tõestab, et me pole veel oma primitiivsest meelest välja kasvanud. Seni, kuni see osa pole ületatud, jätkuvad ühiskonnas sõjad ja konfliktid. Õige tee otsimine meele sellest aspektist väljakasvamiseks ning selle ellurakendamine on sobiv ja terve lähenemisviis sõja ja vägivalla teemale.

Küsija: Kas see tee on vaimsus?

Amma: Jah, see tee on vaimsus – oma mõtlemisprotsessi muutmine ning meele nõrkustest ja piiratusest väljakasvamine.

Küsija: Kas Sinu arvates tunnistavad seda kõigist usunditest inimesed?

Amma: Ükskõik kas nad seda tunnistavad või mitte, see on tõde. Ainult siis, kui vaimsed juhid astuvad samme, et levitada oma usundi vaimseid põhimõtteid, hakkab praegune olukord muutuma.

Küsija: Amma, kas Sinu arvates on kõikide religioonide põhiprintsiip vaimsus?

Amma: See pole Amma arvamus. See on Amma kindel veendumus. See on tõde.

Religiooni ja tema alustõdesid pole õigesti mõistetud. Tegelikult on neid lausa valesti tõlgendatud. Igal maailma usundil on kaks aspekti: välimine ja sisemine. Välimine on filosoofia ehk intellektuaalne osa ja sisemine on vaimne osa. Need, kes klammerduvad liialt usundi välisesse ossa, satuvad eksiteele. Religioonid on suunanäitajad. Nad osutavad eesmärgile, milleks on vaimne eneseteostus. Selle eesmärgi saavutamiseks on vaja suunanäitajast – see tähendab sõnadest – kõrgemale tõusta.

Oletame näiteks, et sul on vaja jõest üle minna. Sa pead kasutama parvlaeva. Ent kui sa oled jõudnud teisele kaldale, pead sellest väljuma ja edasi liikuma. Aga kui sa samas järeleandmatult ütled:

"Ma armastan seda laeva nii väga. Ma ei taha välja tulla. Ma jään siia", siis ei jõua sa teise kaldani. Religioon on see laev. Kasuta seda, et ületada elu valestimõistmiste ja väärarusaamade ookean. Seda mõistmata ja praktiseerimata pole võimalik jõuda tõelise rahuni ei välismaailmas ega oma sisimas.

Religioon on nagu aed, mis kaitseb puuvõrset loomade eest. Kui võrsest saab puu, kasvab ta vajadusest aia järele välja. Niisiis võime öelda, et religioon on nagu aed ja eneseteostus nagu puu.

Keegi osutab sõrmega viljale puu otsas. Sa vaatad sõrmeotsa ja siis sealt edasi. Kui sa sõrmeotsast kaugemale ei vaata, ei saa sa vilja kätte. Tänapäeva maailmas jääb kõigi religioonide inimestel vili märkamata. Nad on liiga kiindunud sõrmeotstesse või neist lausa hüpnotiseeritud – sõnadest ja oma usundi välistest aspektidest.

Küsija: Kas Sinu arvates pole ühiskonnas selles osas piisavalt teadlikkust?

Amma: Teadlikkuse tõstmiseks tehakse praegu palju tööd. Aga pimedus on nii sügav, et meil on vaja virguda ja töötada rohkem. Loomulikult on teadlikkuse loomisega seotud nii üksikisikud kui organisatsioonid. Aga eesmärki ei saavutata ainult konverentside ja rahukõneluste korraldamisega. Tõeline teadlikkus tuleb ainult meditatiivse elu kaudu. See peaks toimuma inimeste sisemuses. Seda mõtet peaksid rõhutama kõik organisatsioonid ja üksikisikud, kes tegutsevad aktiivselt rahumeelse ja sõdadeta maailma loomise nimel. Rahu ei ole mõtteharjutuse tulemus. See on pigem tunne või õitseng, mis toimub meie sisimas energia õigetesse kanalitesse juhtimise tulemusena. See on see, mida meditatsioon teeb.

Küsija: Kuidas Sa kirjeldaksid praegust asjade seisu maailmas?

Amma: Emaüsas on inimloode alguses kalakujuline. Lõpus näeb ta välja peaaegu nagu ahv. Olgugi et me peame endid tsiviliseeritud inimesteks, kes on teinud teaduse vallas suuri hüppeid, näitavad paljud meie teod, et oleme sisemiselt ikka sellel üsasolemise viimasel tasandil.

Tegelikult ütleks Amma, et inimmeel on palju arenenum kui ahvi oma. Ahv saab hüpata ainult oksalt oksale, ühelt puult teisele, aga inimahvi meel saab teha palju suuremaid hüppeid. Ta võib hüpata siit kuhu iganes, Kuule või Himaalaja tippudele ning olevikust minevikku ja tulevikku.

Ainult sisemine muutus, mis põhineb vaimsel hoiakul, toob rahu ja teeb lõpu kannatustele. Enamik inimesi on oma hoiakutes järeleandmatud. Nende hüüdlause on: "Ainult siis, kui sina muutud, muutun ka mina." See ei aita kedagi. Kui sina muutud esimesena, muutub automaatselt ka teine inimene.

Kristus ja kristlus

Küsija: Ma olen sünni järgi kristlane. Ma armastan Kristust, aga ma armastan ka Ammat. Sa oled minu Guru. Sellegipoolest olen ma suures kimbatuses, sest mu kaks poega on tulihingelised kiriku järgijad ega usu midagi muud. Nad räägivad mulle kogu aeg: "Ema, me oleme väga kurvad, et me ei kohtu taevas, kuna sa lähed põrgusse, kui sa ei järgi Kristust." Ma püüan nendega rääkida, aga nad ei kuula. Amma, mida ma peaksin tegema?

Amma: Amma mõistab täielikult nende usku Kristusse. Tegelikult, Amma siiralt hindab ja tunneb suurt austust inimeste vastu, kel on sügav usk oma religiooni ja isikustatud Jumalasse. Ent on täiesti vale ja ebaloogiline öelda, et kõik teised, kes ei usu Kristusesse, lähevad põrgusse. Kui Kristus ütles: "Armasta oma ligimest, nagu sa armastad iseennast", ei mõelnud ta sellega, et "Armasta ainult kristlasi", või mõtles? Öelda, et kõik teised peale kristlaste lähevad põrgusse, on teistega mittearvestamine, mille põhjuseks on armastuse täielik puudumine. See on vale. Jumala vastu valetamine. Jumalikkus tähendab olla aus, sest Jumal on Tõde. Jumal on teistega arvestamises ja nende armastamises.

Selline väide, et kõik te lähete põrgusse, sest te ei järgi Kristust, näitab täielikku lugupidamatust ja lahkuse puudumist ülejäänud inimkonna suhtes. Kas pole upsakas ja julm öelda, et kõik pühakud, targad ja miljonid inimesed, kes elasid enne Kristust, läksid põrgusse? Kas need inimesed väidavad, et Jumala kogemine on ainult 2000 aastat vana, või arvavad koguni, et Jumal on ainult 2000 aastat vana? See on täielikus vastuolus Jumala olemusega, mis on kõikehõlmav ning väljaspool aega ja ruumi.

Jeesus oli Jumala ilmumine inimese kehastuses. Amma nõustub sellega ilma mingi kõhkluseta. Ometi ei tähenda see, et kõik suured kehastumised enne ja pärast teda ei ole Avatarid [inimese kujul ilmunud Jumalad] või pole võimelised päästma neid, kel on neisse usku. Kas Kristus ei öelnud: "Taevariik on teie sees"? See on niivõrd lihtsalt ja otsesõnu öeldud. Mida see tähendab? See tähendab, et Jumal elab sinu sees. Kui taevas on sees, on ka põrgu sees. See on sinu meel. Meel on väga tõhus tööriist. Me võime seda kasutada nii põrgu kui taeva loomiseks.

Kõik Mahatmad, Kristus kaasa arvatud, omistavad suurt tähtsust armastusele ja kaastundele. Tegelikult on armastus ja kaastunne kõikide tõeliste usundite põhiprintsiip. Need jumalikud omadused on kõigi usundite aluseks. Aktsepteerimata puhast teadvust kõige aluseks oleva põhiprintsiibina, ei ole võimalik armastada ja olla teiste vastu kaastundlik. Öelda: "Ma armastan sind, aga ainult siis, kui sa oled kristlane", on sama mis öelda: "Ainult kristlastel on teadvus; kõik teised on elutud objektid." Teadvuse eitamine võrdub armastuse ja Tõe eitamisega.

Tütar, mis puutub sinu suhtumisse antud olukorras, siis Amma arvab, et kui su lapsed nii tunnevad, pole sul seda lihtne muuta. Ja see pole ka vajalik. Las nad olla oma usus. Kuula oma südant ja tee vaikselt edasi seda, mis sinu arvates on õige. Lõppude lõpuks on kõige tähtsam see, mida sa sügaval oma südames tunned.

Ole hea kristlane, hindu, budist, juut või moslem, aga ära kunagi kaota oma eristusvõimet ega muutu usu nimel hullumeelseks.

Pühitsus Kristuse mantrasse

Kristlasest noormees palus Ammalt mantrat.
"Kes on sinu armastatud jumalus?" küsis Amma temalt.
"See on Sinu valida, Amma. Mis iganes jumala Sina valid, seda mantrat ma kordan," ütles ta.

Amma vastas: "Ei, Amma teab, et sa sündisid ja kasvasid üles kristlasena, nii et see *samskara* [valitsev kalduvus, mis on pärit sellest ja eelmistest eludest] on sügaval sinu sees."

Pärast hetkelist mõtlemist ütles noormees: "Amma, kui Sa soovid, et ma ise valiksin jumaluse, siis palun pühitse mind Kali mantrasse."

Amma lükkas armastavalt tema palve tagasi ja lausus: "Vaata, Amma teab, et sa proovid Tema meele järele olla. Amma jaoks ei ole oluline, kas sa kordad Kali või Kristuse mantrat. Ole enda vastu aus ja ole Amma suhtes avatud. Selline suhtumine teeb Ammale tõelist heameelt."

"Aga Amma, ma kordan *Mrityunjaya* mantrat ja teisi hinduistlikke palveid," püüdis ta Ammat veenda.

Amma kostis: "See võib olla tõsi, sellegipoolest pead sa kordama Kristuse mantrat, kuna see on sinu peamine *samskara*. Kui sa kordad teisi mantraid, tekivad sul pikemas perspektiivis raskused nende juures püsimisega. Paratamatult tekivad vastuolulised mõtted."

Noormees oli sellegipoolest järeleandmatu. Ta tahtis, et Amma kas valiks talle mantra või pühitseks ta Kali mantrasse. Lõpuks Amma ütles: "Olgu peale, poeg, sa tee ühte asja – istu vaikselt ja mediteeri natuke aega. Vaatame, mis juhtub."

Mõni minut hiljem, kui ta tuli oma meditatsioonist välja, küsis Amma: "Ütle nüüd Ammale, kes on sinu armastatud jumalus?" Noormees ainult naeratas. Amma küsis: "Kristus, eks ole?" Poiss vastas: "Jah, Amma. Sul on õigus ja mina eksin."

Amma lausus talle: "Amma silmis pole vahet Kristusel, Krišnal ja Kalil. Sellegipoolest, ehkki mitte oma teadlikus meeles, tunned sa alateadlikult erinevust. Amma tahtis, et sa mõistaksid seda ja aktsepteeriksid seda. Seepärast ta paluski sul mediteerida."

Noormees oli õnnelik ja Amma pühitses ta Kristuse mantrasse.

Eksinud otsijad ja tee välja

Küsija: Amma, on inimesi, kes on teinud pikka aega intensiivseid vaimseid praktikaid. Sellegipoolest on nad ka suures eksituses. Mõned isegi väidavad, et on teekonna lõpuni jõudnud. Kuidas me saaksime taolisi inimesi aidata?

Amma: Kuidas saab keegi neid aidata, kui nad ise ei saa aru oma vajadusest selle järele? Selleks et eksituse pimedusest välja tulla, on kõigepealt vaja aru saada, et ollakse eksinud. See on jälle üks väga keeruline vaimne seisund. Need lapsed on seal kinni ja neil on raske tunnistada tõde. Kuidas saaks keegi väita midagi, nii nagu need lapsed väidavad, kui ta oleks täiesti vaba kõigist ego ilmingutest?

Küsija: Mis lükkab neid taolisesse ekslikku vaimsesse seisundisse?

Amma: Vale arusaam vaimsusest ja eneseuurimisest.

Küsija: Kas neid saab päästa?

Amma: Ainult siis, kui nad tahavad, et neid päästetaks.

Küsija: Kas Jumala arm ei saa neid päästa?

Amma: Muidugi saab, kuid kas nad on avatud, et seda armu vastu võtta?

Küsija: Arm ja kaastunne on tingimusteta. Avatud olemine on tingimus, kas pole?

Amma: Avatus ei ole tingimus. See on vajadus, sama asendamatu nagu söömine ja magamine.

Tõelise meistri abi teekonna lõpuni käimiseks

Küsija: Mõned on seisukohal, et Guru juhatus pole Jumala mõistmise saavutamiseks vajalik. Amma, mida Sina sellest arvad?

Amma: Füüsiliselt pime inimene näeb kõikjal pimedust. Seepärast otsib ta abi. Aga ehkki inimesed on vaimselt pimedad, ei saa nad sellest aru. Isegi kui nad seda mõistavad, ei tunnista nad seda. Seepärast on neil raske juhatust otsida.

Inimestel on erinevad arvamused ja neil on vabadus seda avaldada. Terasema mõistusega inimesed võivad tõestada või ümber lükata palju asju. Sellegipoolest ei tarvitse nende väited tingimata tõesed olla. Mida intellektuaalsem te olete, seda egoistlikum te olete. Sellisel inimesel pole kerge alistuda. Jumala kogemine ei saa tõeks senikaua, kuni ego pole alistatud. Inimesed, kes on oma egosse väga tugevalt klammerdunud, leiavad erinevaid viise oma egoistlike tegude õigustamiseks. Kui keegi väidab, et Guru juhatus pole teel Jumalani vajalik, siis Amma tunneb, et selline inimene kardab allutada oma ego. Või ihkab ta ehk ise olla Guru.

Ehkki meie tõeline olemus on jumalik, oleme samastunud nimede ja kujude maailmaga väga kaua, pidades neid tõelisteks. Nüüd on meil vaja loobuda oma samastumisest nendega.

Süütu südame annetus

Väike tüdruk, kes tuli darshanile, kinkis Ammale ilusa lille. Ta lausus: "Amma, see on meie koduaiast."

Amma vastas: "Kas tõesti? See on imekena." Võtnud tüdrukult lille vastu, puudutas Amma alandlikult sellega oma pead, nagu lillele kummardades.

"Kas sa korjasid selle ise?" küsis Amma. Tüdruk noogutas.

Tüdruku ema selgitas, et tema tütar läks väga elevile, kuuldes, et nad lähevad Ammat vaatama, ning jooksis aeda ja tuli sealt tagasi lillega. Tõepoolest, lillel olid veel mõned kastepiisad. „Näidates mulle lille, ütles ta: „Ema, see lill on niisama ilus nagu Amma.""

Tüdruk istus Amma süles. Järsku kallistas ta Ammat kõvasti ja suudles teda mõlemale põsele. Ta ütles: "Ma armastan Sind nii väga, Amma." Suudeldes teda mitu korda vastu, kostis Amma: "Mu laps, ka Amma armastab sind väga."

Nähes väikest tüdrukut lustlikult oma ema kõrval tantsisklemas, kui nad läksid tagasi oma kohale, ütles Amma: "Süütus on nii ilus ja südantliigutav."

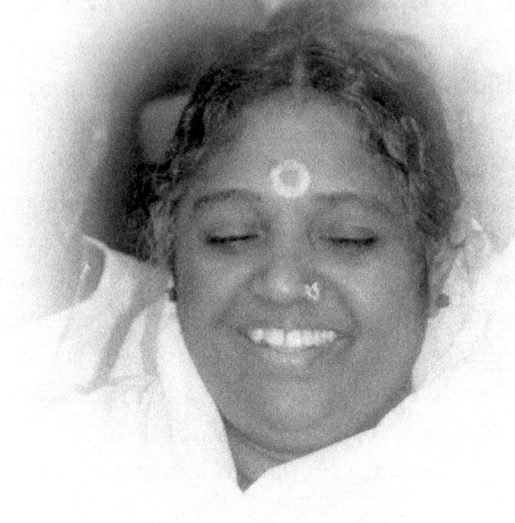

Otseliin Jumala juurde

Ühe Amma ürituse küsimuste ja vastuste sessiooni ajal rääkis üks pühendunu murelikult: "Amma, nii palju tuhandeid inimesi palvetab Sinu poole. Tundub, et kõik liinid on kinni, kui ma abi palun. Kas Sul on mulle mingeid soovitusi?"

Amma naeris selle küsimuse peale südamest ja vastas: "Ära muretse, poeg. Sul on otseliin." Amma vastus kutsus esile tõelise naerupahvaku. Ta jätkas: "Tegelikult on kõigil otseliin Jumala juurde. Ent liini kvaliteet sõltub sinu palve innukusest."

Nagu voolav jõgi

Küsija: Amma, sa teed sama tööd päevast päeva, aastast aastasse. Kas sind ei tüüta ära niimoodi pidevalt inimesi kallistada?

Amma: Kui jõgi tüdineb voolamisest, kui päike tüdineb paistmisest ja kui tuul tüdineb puhumisest, siis tunneb ka Amma tüdimust.

Küsija: Amma, ükskõik kus Sa oled, ümbritsevad Sind alati inimesed. Kas Sa ei tunne vajadust olla natuke aega ka vaba ja üksi?

Amma: Amma on alati vaba ja üksi.

Veedalikud helid ja mantrad

Küsija: Muistsed rishid [Targad] on tuntud kui mantra drishtad [need, kes on näinud mantraid]. Kas see tähendab, et nad on näinud puhtaid helisid ja mantraid?

Amma: "Näinud" tähendab seesmiselt adunud või kogenud. Mantraid saab kogeda ainult seesmiselt. Veedalikud helid ja mantrad olid juba universumis, atmosfääris. Mida teevad teadlased, kui nad leiutavad midagi? Nad toovad päevavalgele kaua varjatud olnud fakti. Me ei saa seda nimetada uueks avastuseks. Nad ainult eemaldavad sellelt kattevarju.

Teaduslikud avastused ja mantrad erinevad ainult peenemal tasandil. *Rishi*d muutsid tõsise enesedistsipliiniga oma sisemised instrumendid selgeks ja täiesti puhtaks. Seega ilmusid need universaalsed helid automaatselt nende seest.

Me teame, kuidas helid ja pildid kulgevad vibratsioonidena läbi õhu raadio- või telejaamast. Need on atmosfääris kogu aeg olemas. Ent nende nägemiseks ja kuulmiseks peame häälestama oma instrumendi, raadio või televiisori. Sarnaselt avalduvad need jumalikud helid neile, kel on selge ja puhas meel. Füüsilised silmad pole võimelised neid nägema. Ainult kolmanda silma või sisemise silma arendamise läbi saame võimeliseks neid helisid kogema.

Õpi ükskõik millist heli tundma nii sügavalt kui sa saad. Oluline on mitte heli kuulmine, vaid tundmine. Tunneta oma palveid, tunneta oma mantrat ja sa tunnetad Jumalat.

Küsija: Kas mantratel on tähendus?

Amma: Mitte sel moel, nagu sa arvad või ootad. Mantrad on universaalsete vibratsioonide ehk *shakti* [jumaliku energia] puhtaim vorm, mille sügavust kogesid *rishi*d sügavas meditatsioonis. Mantra on universumi energia seemne vormis. Sellepärast tuntakse neid kui *bijakshara*sid [seemnetähti]. Teinud läbi selle kogemuse, pakkusid nad neid puhtaid helisid inimkonnale. Ent pole kerge suruda sõnadesse kogemust, eriti sügavaimat võimalikku kogemust. Niisiis on meie mantrad kõige lähemad helid universaalsele helile, mida kaastundlikud *rishi*d suutsid sõnaliselt luua maailma hüvanguks. Siiski on tõsiasi, et mantrat on võimalik täielikult kogeda ainult siis, kui sinu meel saavutab täiusliku puhtuse.

Midagi on puudu

Küsija: Amma, nii palju inimesi ütleb, et kõigist materiaalsetest mugavustest hoolimata on nende elus midagi puudu. Miks nad niimoodi tunnevad?

Amma: Elu toob erinevatele inimestele mitmesuguseid kogemusi ja olukordi sõltuvalt nende mineviku karmast [tegudest] ja sellest, kuidas nad elavad ja tegutsevad praegu. Ükskõik kes sa oled või ükskõik mis materiaalseid kõrgusi sa ka ei saavuta, aitab ainult dharmaga [seadmusega] kooskõlas elamine ja mõtlemine saavutada täiuslikkust ja õnne. Kui sa ei kasuta oma rikkusi ja tahtmisi kooskõlas ülima dharmaga, mis seisneb *moksha* [vabanemise] saavutamises, ei leia sa kunagi rahu. Sul on ikka alati tunne, et midagi on puudu. See midagi, mis sul puudub, on rahu ja sügav rahulolu. Ja see tõelise rõõmu puudumine loob tühiku, mida pole võimalik täita naudingutele voli andes või materiaalseid ihasid rahuldades.

Kõikjal maailmas arvavad inimesed, et nad saavad seda tühimikku täita oma ihade rahuldamisega. Tegelikult jääb see tühimik alles ja võib isegi suuremaks minna, kui nad jätkavad ainult maiste asjade järele jooksmist.

Dharma ja *moksha* on vastastikuses sõltuvuses. See, kes elab dharma põhimõtete järgi, saavutab *moksha*, ja see, kellel on soov saavutada *moksha*t elab eranditult dharmaga kooskõlas olevat elu.

Ebaõigelt ja ebamõistlikult kasutatuna võivad raha ja rikkused saada suureks takistuseks. Need on takistuseks neile, kes soovivad vaimselt areneda. Mida rohkem raha sul on, seda suurema tõenäosusega võid sa kiinduda oma kehasse. Mida rohkem sa samastud oma kehaga, seda isekamaks sa muutud. Probleem ei seisne rahas, vaid ebamõistlikus klammerdumises sellesse.

Maailm ja Jumal

Küsija: Mis on maailma ja Jumala, õnne ja kurbuse seos?

Amma: Tegelikult on maailm vajalik selleks, et tunda Jumalat ehk kogeda tõelist õnne. Õpetaja kirjutab klassiruumis tahvlile valge kriidiga. Must tahvel on valgetele tähtedele kontrastseks taustaks. Sarnaselt on maailm meile taustaks, et tunda oma puhtust, et saada teadlikuks oma tõelisest olemusest, mis on igavene õnn.

Küsija: Amma, kas on tõsi, et ainult inimesed tunnevad end õnnetuna või rahulolematuna, loomad mitte?

Amma: Mitte päris. Loomad tunnevad samuti kurbust ja rahulolematust. Nad kogevad kurbust, armastust, viha ja teisi emotsioone. Siiski ei tunne nad neid niisama sügavalt kui inimesed. Inimesed on rohkem arenenud, nii et nad tunnevad neid märksa sügavamalt.

Tegelikult näitavad sügavad kurbusetunded võimalikkust liikuda teise äärmusesse – õndsusesse. Sügava kurbuse ja valu tundest saame me tegelikult koguda piisavalt jõudu, et liikuda enese tundmaõppimise teele. Küsimus on ainult meie *shakti* [elujõu] suurema eristamisvõimega kanaliseerimises.

Küsija: Amma, kuidas me saame kasutada oma *shakti*t suurema eristamisvõimega?

Amma: Seda aitab meil teha ainult sügavam arusaamine. Oletame, et osaleme matusetseremoonial või külastame voodihaiget vanurit. Me tunneme kindlasti kurbust. Sellegipoolest, kui jõuame tagasi koju ja sukeldume oma askeldustesse, vajuvad nad unustusse ja me liigume edasi. Kogetu pole puudutanud meie südame varjatumaid soppe; see pole tunginud sügavale. Sellegipoolest, kui mõtiskleda taoliste kogemuste üle sügavalt järele ja mõelda: "Sama asi juhtub varem või hiljem ka minuga. Peaksin uurima taoliste murede põhjusi ja valmistama end ette, enne kui on liiga hilja", siis muudavad need kogemused lõpuks sinu elu ja juhatavad sind universumi sügavamate saladusteni. Kui sa oled tõsine ja siiras, leiad vähehaaval õnne tõelise allika.

Amma jutu ajal hakkas üks seni mõnusalt oma ema süles istunud laps äkitselt nutma. Last lohutades küsis Amma, miks laps nutab. Ema tõstis luti ja ütles: "Ta kaotas selle." Kõik naersid. Siis pani ema luti tagasi lapse suhu ja too lõpetas nutmise.

Amma: Väikseke jäi õnnetuks. See oli hea näide selle kohta, mida proovisime selgitada. Lutt on illusoorne, nagu maailm. Sellest ei saa laps mitte mingit toitu, ometi lõpetab see lapse nutu. Niisiis võime öelda, et sel on teatav eesmärk. Sarnaselt ei toida tegelikult ka maailm hinge. Aga sel on eesmärk – tuletada meile meelde Loojat ehk Jumalat.

Küsija: Öeldakse, et enne Eneseteostust on vaja läbi käia meeletust valust ja kurbusest. Kas see väide on õige?

Amma: Nii või teisiti on elus kurbust ja valu. Vaimsus ei ole teekond edasi, see on teekond tagasi. Me naaseme oma algse eksistentsi allikani. Selles protsessis peame läbima kõik emotsioonide kihid ja *vasanad* [kalduvused], mis me oleme seni omandanud. Valu tuleb sealt, mitte väljastpoolt. Minnes nendest kihtidest läbi avatud suhtumisega, ületame nad, mis lõppkokkuvõttes viib meid ülima rahu ja õndsuse asupaika.

Enne mäe tippu jõudmist oleme paratamatult mäe jalamil orus, teises äärmuses. Sarnaselt on enne õnne tipu saavutamist vältimatu kogeda teist otsa, see on kurbust.

Küsija: Miks on see vältimatu?

Amma: Senikaua, kuni samastatakse end egoga, ja senikaua, kuni tuntakse end Jumalast lahusolevana, on valu ja kurbust. Praegu seisad sa mäe jalamil. Enne kui sa saad üldse ronima hakata, pead loobuma oma sidemeist oruga ja sellega, mida iganes sa seal omad. Valu on vältimatu ainult siis, kui sa ei tee seda kogu südamest. Muidu ei ole mingit valu. Kui sellest kiindumusest on lahti öeldud, muutub valu intensiivseks igatsuseks jõuda igavese ühtsuse kõrgustesse. Tegelikult on küsimus selles, kui paljud suudavad sellest kiindumusest loobuda kogu südamest.

Pühendunu mõtiskles mõne hetke. Märgates tema vaikust, patsutas Amma tema pead, öeldes: "Häälestades ego trummi, lase sellest tulla meeldivaid helisid." Pühendunu pahvatas sundimatult naerma.

Amma: Amma on kuulnud üht lugu. Üks rikas mees oli kaotanud maise elu vastu igasuguse huvi ja tahtis alustada uut elu rahus ja vaikuses. Tal oli olemas kõik, mida raha eest osta saab, aga elu tundus talle täiesti mõttetu. Niisiis otsustas ta vaimselt õpetajalt juhatust paluda. Enne kodunt lahkumist mõtles mees: "Mida ma küll kogu selle rahaga peale hakkan? Ma kingin õige kõik Meistrile ja unustan selle. Tegelikult vajan ma ainult tõelist õnne." Niisiis pani rikas mees kõik oma kuldmündid kotti ja võttis endaga kaasa.

Pärast terve päeva kestnud teekonda leidis mees Meistri, kes istus küla servas puu all. Ta pani rahakoti Meistri ette ja kummardus tema ees. Aga pead tõstes oli mees rabatud, kui nägi Meistrit tema rahakotiga minema jooksmas. Guru imelikust käitumisest täielikus segaduses ja hämmeldunud, hakkas rikas mees teda nii kiiresti kui jalad võtsid taga ajama. Meister jooksis kiiremini – üle põldude, üles-alla mööda mägesid, hüpates üle ojade, trampides läbi võsa ja tänavate. Hakkas pimenema. Meistrile oli küla kitsaste käänuliste teede ja tänavate rägastik nii tuttav, et rikkal mehel oli talle järele jõudmisega tõsiseid raskusi.

Lõpuks, kaotanud lootuse, naasis rikas mees samasse kohta, kus ta oli alguses Meistrit kohanud. Ja seal lebas tema rahakott – ning puu taga peidus oli Meister. Kui rikas mees krabas ahnelt oma väärtusliku rahakoti järele, piilus Meister puu tagant ja küsis: "Ütle, mis tunne sul nüüd on?"

"Ma olen õnnelik, väga õnnelik – see on minu elu kõige õnnelikum hetk."

"Niisiis," ütles Guru, "et kogeda tõelist õnne, peab läbi käima ka teise äärmuse."

Lapsed, te võite maailmas ringi rännata ja erinevate asjade järele joosta. Ent kui te ei naase allika juurde, millest te algselt olete alustanud, ei leia te tõelist õnne. See on veel üks selle loo moraal.

Küsija: Amma, ma olen kuulnud, et tõelist õnne pole võimalik leida enne, kui igasugune otsimine on lõppenud. Kuidas Sa seda selgitad?

Amma: See, et igasugune otsimine peab lõppema, tähendab seda, et õnne otsimine välisest maailmast peab lõppema, sest see, mida sa otsid, on sinu sees. Lõpeta jooksmine maailma asjade järele ja pöördu sissepoole. Sealt leiad sa selle, mida otsid.

Sa oled nii otsija kui otsitav. Sa otsid midagi, mis sul juba on. Seda pole võimalik leida väljastpoolt. Seetõttu lõpeb iga katse otsida õnne väljastpoolt läbikukkumise ja pettumusega. See on nagu koer, kes ajab taga omaenda saba.

Piiritu kannatlikkus

◆ ◆

Üks kuuekümnele lähenev mees on osalenud regulaarselt Amma New Yorgi programmidel 1988. aastast alates. Teda pole võimalik unustada, sest ta esitab Ammale alati samad küsimused. Ja peaaegu iga kord satun ma olema tema tõlk. Aasta aasta järel on mees esitanud kolm järgmist küsimust, muutmata kordagi isegi nende sõnastust.

1. Kas Amma saab anda mulle kohese Eneseteostuse?
2. Millal ma abiellun ilusa naisega?
3. Kuidas ma saaksin kiirelt raha teenida ja rikkaks saada?

Nähes teda darshani järjekorras lähenemas, kommenteerisin ma naljatades: "Jälle tuleb see katkine plaat."

Amma sai kohe aru, kellele ma vihjasin. Ta heitis mulle range pilgu ja ütles: "Vaimsus seisneb täielikult teiste inimeste probleemide ja valude tunnetamises ja neile kaasaelamises. Nende inimeste probleemidele ja olukordadele peaks suutma läheneda vähemalt küpse arukusega. Kui sul pole kannatlikkust neid kuulata, ei sobi sa Amma tõlgiks."

Palusin Ammalt siiralt andestust oma eelarvamusliku suhtumise ja sõnade pärast. Sellegipoolest ma kahtlesin, kas Amma soovib ka viieteistkümnendat korda tema küsimust kuulata.

"Kas peaksin võtma tema küsimused?" küsisin ma Ammalt.

"Loomulikult, milleks üldse küsida?"

Loomulikult olid need samad kolm küsimust. Ja ma olin taas kord täis aukartust ja imestust, kui nägin, kuidas Amma teda kuulas ja andis nõu, nagu kuuleks mehe küsimusi esimest korda.

Küsija: Kas Amma saab mulle anda kohese Eneseteostuse?

Amma: Kas sa oled regulaarselt mediteerinud?

Küsija: Lootes teenida head raha, töötan ma 50 tundi nädalas. Sellegipoolest, ma mediteerin, kuid mitte regulaarselt.

Amma: See tähendab?

Küsija: Kui ma pärast oma päevatööd aega leian, siis ma mediteerin.

Amma: Hea küll, aga kas sa kordad oma mantrat? Kas sa kordad seda iga päev, nii nagu sulle nõu anti?

Küsija (pisut ebaledes): Jah, ma kordan oma mantrat, kuid mitte iga päev.

Amma: Mis kell sa lähed magama ja mis kell sa hommikul ärkad?

Küsija: Ma lähen üldiselt magama umbes kesköö paiku ja ärkan kell 7 hommikul.

Amma: Mis kell sa tööle lähed?

Küsija: Minu tööaeg on poole üheksast viieni. Tööle on suurema liikluseta 35-40 minutit autosõitu. Nii et tavaliselt lahkun ma kodunt umbes kell pool kaheksa. Pärast ülestõusmist on mul parajasti aega, et teha tass kohvi, röstida kaks viilu leiba ja panna riidesse. Hommikusöök ja kohvitass käes, hüppan ma autosse ja sõidan minema.

Amma: Mis kell sa töölt koju jõuad?

Küsija: Mmm... poole kuue või kuue paiku.

Amma: Mida sa teed pärast kojutulekut?

Küsija: Ma puhkan pool tundi ja teen õhtusööki.

Amma: Kui mitmele inimesele?

Küsija: Ainult mulle endale. Ma elan üksi.

Amma: Kui palju aega see võtab?

Küsija: Umbes 40 minutit kuni üks tund.

Amma: See teeb kuni poole kaheksani. Mida sa teed pärast õhtu-sööki? Vaatad televiisorit?

Küsija: Jah, nii see on.

Amma: Kui kaua?

Küsija (naerdes): Amma, Sa surusid mind nurka. Ma vaatan telekat, kuni ma magama lähen. Ma tahan Sulle veel ühe asja üles tunnis-tada... Ah ei, las ta olla.

Amma (patsutades teda seljale): Lase tulla ja räägi välja, mida sa tahtsid öelda.

Küsija: Seda on piinlik avalikustada.

Amma: Olgu peale, hea küll.

Küsija (mõne hetke pärast): Pole mõtet seda Sinu eest varjata. Sel-legipoolest, ma usun, et Sa juba tead seda. Sest miks Sa üldse siis tekitasid sellise olukorra? Oh Jumal, see on selline *leela* [jumalik mäng]... Amma, ma palun Sult andestust, aga ma unustasin oma Guru mantra. Ma isegi ei leia seda paberilipikut ülest, mille peale ta oli kirjutatud.

Tema sõnu kuuldes pahvatas Amma naerma.

Küsija (hämmingus): Milles asi? Mispärast Sa naerad?

Mees istus mureliku ilmega, aga Amma sakutas naljatades teda kõrvast.

Amma: Sa väike kelm! Amma teadis, et sa proovisid tema eest midagi varjata. Vaata, mu poeg, Jumal annab kõik. Amma mõistab sinu siirust ja uudishimu, aga sul peab olema rohkem *shraddha*t [armastavat usku ja tähelepanu] ja pühendumist ning sa pead olema valmis kõvasti tööd tegema, et Eesmärki saavutada, et jõuda Eneseteostuseni.

Mantra on sild, mis ühendab sind sinu Guruga – ühendab lõpliku lõpmatuga. Guru mantra kordamine on tõelisele pühendunule nagu toit. Näita üles austust mantra vastu ja lugupidamist oma Guru suhtes, korrates oma mantrat eranditult iga päev. Kui sa pole pühendunud, siis sa ei jõua Eneseteostumiseni. Vaimsus ei tohiks olla mingi poole kohaga töö. See peaks olema täiskohaga töö. Amma ei ütle, et sa peaksid oma tööst loobuma või vähem töötama. Sa pead oma tööd ja raha teenimist tõsiseks asjaks, kas pole? Samamoodi on tõsine ka Jumala-teostuseni jõudmine. Nii nagu söömine ja magamine, peaksid ka vaimsed praktikad saama sinu elu lahutamatuks osaks.

Küsija (viisakalt): Amma, ma olen Sinu vastusega nõus. Ma pean seda meeles ja püüan asjad korda seada, nagu Sa juhendasid. Palun õnnista mind.

Mees vaikis mõnda aega. Tundus, et ta mõtiskleb.

Amma: Poeg... Sa oled varem kaks korda abielus olnud, kas pole?

Küsija (rabatult): Kuidas Sa teadsid?

Amma: Poeg, see pole esimene kord, kui sa Ammale neid probleeme mainid.

Küsija: Milline mälu!

Amma: Mispärast sa arvad, et järgmine abielu õnnestub?

Küsija: Ma ei tea.

Amma: Sa ei tea? Või sa oled ebakindel?

Küsija: Ma olen ebakindel.

Amma: Isegi selle ebakindluse juures mõtled sa veel ühest abielust?

Suuresti segaduses ja samal ajal lõbusana, mees peaaegu kukkus naerdes pikali. Siis tõusis ta püsti ja, käed palveasendisse ühendatud, ütles:
*   "Amma, Sa oled vastupandamatu ja võitmatu. Ma kummardan Sinu ees."*
*   Lahkelt naeratades patsutas Amma mehe kiilakat pead, mis oli madalale kummardunud.*

Tingimusteta armastus
ja kaastunne

Küsija: Amma, kuidas Sa defineerid tingimusteta armastust ja kaastunnet?

Amma: See on täiesti defineerimatu seisund.

Küsija: Mis see siis on?

Amma: See on avarus, nagu taevas.

Küsija: Kas see on sisemine taevas?

Amma: Seal puudub sisemine ja väline.

Amma: Ja siis?

Amma: Seal on ainult üksolemine. Seetõttu seda ei saagi defineerida.

Lihtsaim tee

Küsija: Amma, on nii palju teid, milline on kõige lihtsam?

Amma: Kõige lihtsam tee on Satguru [Tõelise Meistri] kõrval viibimine. Satguru kõrval viibimine on sama nagu Concorde'i lennukiga lendamine. Satguru on kiireim tee, mis viib sind eesmärgini. Ükskõik millise teise tee järgimine ilma Satguruta on nagu kohaliku bussiga sõitmine, mis teeb lõputult peatusi. See aeglustab protsessi.

Valgustumine, alistumine ja praeguses hetkes elamine

K üsija: Kas on nii, et valgustumine pole võimalik ilma alistuva suhtumiseta, hoolimata sellest, kui intensiivne on inimese sadhana [vaimne praktika]?

Amma: Räägi Ammale, mida sa pead silmas intensiivse *sadhana* all? Intensiivne *sadhana* tegemine tähendab selle sooritamist siiralt ja armastusega. Selleks pead sa olema käesolevas hetkes. Selleks et olla käesolevas hetkes, pead sa alistuma minevikule ja tulevikule.

Kas sa kutsud seda alistumiseks, käesolevaks hetkeks, siin ja praegu olemiseks, hetkest hetkesse elamiseks või kuidagi muud moodi, nad on kõik üks ja seesama. Mõisted võivad erineda, ent sisemuses toimuv on sama. Ükskõik millises vormis vaimseid praktikaid me ka ei tee, on nende eesmärk aidata meil õppida suurt lahtilaskmise õppetundi. Tõeline meditatsioon ei ole tegevus; see on südame tugev ühtsustunde igatsus Mina või Jumalaga. Mida sügavamale me selles protsessis läheme, seda väiksem on meie ego ja seda kergem tunne meil on. Niisiis, nagu näed, on *sadhana* eesmärk järk-järgult kõrvaldada "mina" ja "minu" tunne. Seda protsessi on kirjeldatud erinevalt, kasutades erinevaid termineid, muud ei midagi.

Küsija: Kõik materiaalsed saavutused ja edu maailmas sõltuvad põhiliselt sellest, kui agressiivne ja kompetentne sa oled. Kui sa kogu aeg oma meelt ja mõistust ei terita, ei ole sul võimalik võita. Vähimgi loidus tõukab su tagaplaanile ja sind jäetakse mängust välja. Vaimse ja ilmaliku elu põhimõtete vahel tundub olevat suur lõhe.

Amma: Tütar, nagu sa õigesti ütlesid, see ainult *tundub* erinev.

Küsija: Kuidas nii?

Amma: Sest sõltumata sellest, kes keegi on või mida teeb, elab enamik inimesi olevikus, lihtsalt mitte täielikult. Kui inimene on mõnest tegevusest või mõttest haaratud, on ta alistunud sellele hetkele. Vastasel juhul ei toimu midagi. Võtame näiteks puusepa. Kui puusepp pole tööriista käsitsedes keskendunud kogu tähelepanuga käesolevale hetkele, võib ta ennast tõsiselt vigastada. Niisiis, inimesed elavad käesolevas hetkes. Ainus erinevus on selles, et enamiku inimeste teadlikkus on väike või puudub hoopis, ning nad on seetõttu ainult osaliselt praeguses või üldse mitte. Vaimuteadused õpetavad meid olema täielikult praeguses hetkes, sõltumata ajast ja kohast. Inimesed lähtuvad kas meelest või mõistusest – mitte kunagi südamest.

Küsija: Aga kas selleks, et olla täielikult kohal, ei ole vaja ületada ego?

Amma: Jah, aga ego ületamine ei tähenda, et sa muutud mõttetuks või kasutuks. Vastupidi, sa tõused kõigist nõrkustest kõrgemale. Sinus toimub täielik muutus ja sinu sisemised võimed leiavad täieliku väljenduse. Täiusliku inimesena oled sa valmis teenima maailma, mingit vahet tegemata.

Küsija: Niisiis, Amma, Sinu väitel pole põhimõtteliselt mitte mingit vahet alistumisel ja hetkes elamisel?

Amma: Jah, need on üks ja seesama.

Japa mala ja mobiiltelefon

Kõndides oma lastest ümbritsetuna saali poole, pani Amma tähele, kuidas üks brahmachari [munk] astus kõrvale, et vastata telefonikõnele.

Kui *brahmachari* lõpetas vestluse ja taasühines rühmaga, märkis Amma: "Mitmesuguste kohustuste täitmiseks, nagu Amma programmide organiseerimiseks maa eri paikades ja kohalike organiseerijatega kontakteerumiseks, on vaimsel otsijal mobiiltelefon otstarbekas. Sellegipoolest, hoides mobiiltelefoni ühes käes, hoia *japa mala*t [palvehelmeid] teises, mis tuletab sulle meelde, et sa ei unustaks oma mantra lugemist. Mobiiltelefoni on tarvis, et olla ühenduses maailmaga. Kasuta seda, kui on vaja. Aga ära kaota kunagi ühendust Jumalaga. See on sinu elujõud."

Elav upanišad

Küsija: Kuidas sa kirjeldad Satguru [Tõelist Meistrit]?

Amma: Satguru on elav upanišad [ülima tõe kehastus, nagu on kirjeldatud upanišadides].

Küsija: Mis on Meistri peamine töö?

Amma: Tema ainus eesmärk on innustada õpilasi ning sisendada neisse usku ja armastust, mida neil on vaja Eesmärgini jõudmiseks. Meistri peamine ülesanne on sütitada õpilases enese tundmaõppimise tuli ehk armastus Jumala vastu. Kui see on läidetud, on Meistri järgmine töö hoida seda leeki põlevana, kaitsta seda tormiste ööde ja tarbetute kiusatuste valingu eest. Meister kaitseb õpilast nagu kana tibusid oma tiiva all. Peagi õpib pühendunu suuremaid alistumise ja mitteklammerdumise õppetunde, kui jälgib Meistrit ja saab tema elust innustust. See kulmineerub lõpuks täieliku alistumise ja ületamisega.

Küsija: Mida õpilane ületab?

Amma: Oma madalama loomuse ehk *vasana*d [kalduvused].

Küsija: Amma, kuidas Sa kirjeldaksid ego?

Amma: Lihtsalt tühise nähtusena – mis on aga hävitav, kui ei olda ettevaatlik.

Küsija: Aga kas see pole maailmas elamiseks väga kasulik ja võimas vahend?

Amma: Jah, kui sa õpid seda korralikult kasutama.

Küsija: Mida Sa "korralikult" all silmas pead?

Amma: Amma peab silmas, et seda on vaja eristamisvõime abil valitseda.

Küsija: Sama teevad ka *sadhak*id [vaimsed otsijad] oma vaimse praktika käigus, kas pole?

Amma: Jah, aga *sadhak* saavutab lõpuks ego täieliku valdamise.

Küsija: Kas see tähendab, et ego ületada pole vaja?

Amma: Saavutada täielikku valdamist ja ületada on sama. Tegelikkuses pole midagi ületada. Nii nagu ego on lõppkokkuvõttes ebatõeline, nii on ka ületamine ebatõeline. Atman [Mina] üksi on tõeline. Ülejäänu on lihtsalt varjud või nagu pilved, mis katavad päikest. Need ei ole tõelised.

Küsija: Aga varjud annavad meile varju. Me ei saa neid kutsuda ebatõelisteks, või saame?

Amma: Tõsi. Varju ei saa kutsuda ebatõeliseks. Sel on eesmärk. See annab varju. Aga ära unusta puud, mis on varju allikas. Vari ei saa eksisteerida ilma puuta, aga puu on olemas ka ilma varjuta. Seetõttu pole vari ei tõeline ega ebatõeline. See ongi *maya* [illusioon]. Meel või ego pole ei tõeline ega ebatõeline. Sellegipoolest, Atmani olemasolu ei sõltu kuidagimoodi egost.

Näiteks kõnnivad mees ja tema poeg leitsakus. Kuumuse eest kaitsmiseks kõnnib väike poiss oma isa taga varjus. Poeg, sul on õigus, et varju ei saa kutsuda ebatõeliseks; ometi pole see ka tõeline. Ometi on sellel eesmärk. Samamoodi, ehkki ego pole ei tõeline ega ebatõeline, on sel otstarve – tuletada meile meelde ülimat tõelust, Atmanit, mis toimib ego alusena.

Nagu vari, ei saa maailm ega ego eksisteerida ilma Atmanita. Atman annab toe ja hoiab ülal tervet eksistentsi.

Küsija: Amma, minnes tagasi ületamise teema juurde – sa ütlesid, et nagu ego on ebatõeline, nii on ka ego ületamine ebatõeline. Kui nii, siis mis on see Mina avaldumise ehk Eneseteostuse protsess?

Amma: Nii nagu ego on ebatõeline, nii ka tema ületamise protsess ainult paistab aset leidvat. Isegi termin "Mina avaldumine" on vale, kuna "Mina" ei pea avalduma. See, mis on alati selline, nagu ta on kõigil kolmel ajaperioodil, ei pea läbi tegema mingit sellist protsessi.

Kõik selgitused viivad su lõpuks arusaamiseni, et kõik selgitused on tähtsusetud. Lõpuks sa mõistad, et pole olemas mitte midagi muud peale Atmani ja tegelikult ei olnud seal mingit protsessi.

Näiteks, ütleme, et keset paksu metsa on ilus igavese elu allikas. Ühel päeval sa avastad selle, jood vett ja saavutad suremutuse. Allikas oli alati olemas olnud, aga sa ei teadnud seda. Äkitselt saad sa selle olemasolust teadlikuks. Sama lugu on puhta *shakti* [energia] sisemise allikaga. Kui su otsingu käigus igatsus oma Mina tunda kasvab, toimub ilmutus ja sa saad ühenduse selle allikaga. Kui ühendus on juba loodud, siis tekib ka mõistmine, et sa pole sellest kunagi eraldatud olnudki.

Näiteks on universumi rüppe kätketud tohutud rikkused. Seal on hindamatuid vääriskive, imelisi ravijooke, kõiketervendavaid rohtusid, inimkonna ajalugu puudutavat väärtuslikku informatsiooni, universumi müsteemiumi lahendamise meetodeid ja nii edasi. See, mida mineviku, oleviku ja tuleviku teadlased on avastanud ja saavad avastama, on ainult lõpmata väike osa sellest, mida universum tegelikult endas kätkeb. Mitte miski pole uus. Kõik avastused pole midagi muud kui katte eemaldamise protsess. Sarnaselt peitub ka ülim tõde meie sees, nagu katte all. Katte eemaldamise protsessi nimetatakse *sadhana*ks [vaimseks praktikaks].

Niisiis, inimese vaatepunktist toimub Mina avaldumise protsess ja sellest tulenevalt toimub ka ületamine.

Küsija: Amma, kuidas sa selgitad ületamist erinevates igapäevaelu olukordades?

Amma: Ületamine toimub ainult siis, kui me saavutame piisava küpsuse ja mõistmise. Need tulevad vaimsete praktikate abil ning positiivse ja avatud suhtumise kaudu elus ettetulevatesse kogemustesse ja olukordadesse. See aitab meil heita kõrvale valed arusaamad ja minna edasi. Kui sa oled pisut tähelepanelikum, siis mõistad, et see pisiasjade, tühiste ihade ja kiindumuste kõrvaleheitmine ja edasiminemine on meie igapäevaelu tavakogemus.

Lapsele meeldib mängida oma mänguasjadega – ütleme näiteks, et oma mängušimpansiga. Ta armastab mängušimpansi nii väga, et kannab seda terve päeva endaga kaasas. Sellega mängides unustab ta teinekord koguni söömise. Ja kui ema püüab talt lelu ära võtta, siis läheb ta nii endast välja, et hakkab nutma. Väike poiss hoiab seda isegi uinudes kõvasti kaisus. Ainult siis saab ema mängušimpansi talt ära võtta.

Aga ühel päeval näeb ema kõiki mänguasju, sealhulgas šimpansi, mida poiss kõige rohkem armastas, mahajäetuna tema toanurgas. Poiss on järsku neist välja kasvanud; ta on mänguasjadest üle saanud. Teda võib isegi näha muiates vaatamas, kuidas mõni teine laps mängib mänguasjadega. Ta ilmselt mõtleb: "Vaata, mismoodi see laps mänguasjadega mängib." Ta on koguni unustanud, et ka tema oli kunagi laps.

Kui tegemist on lapsega, jätab ta maha mänguasjad ja võtab omaks midagi keerukamat, nagu näiteks kolmerattalise jalgratta. Ja õige pea on ta ka sellest välja kasvanud ning sõidab jalgrattaga. Ja siis viimaks tahab ta võib-olla mootorratast, autot ja nii edasi. Aga *sadhak* peab arendama tugevust ja mõistmist ületada kõik, mis tema teel ette tuleb, ja võtma omaks ainult Ülimat.

Maya

Küsija: Amma, mis on maya [meelepete, illusioon]? Kuidas sa seda defineerid?

Amma: Meel on *maya*. Meele võimetust tajuda maailma püsimatu ja muutuvana tuntakse *maya*'na.

Küsija: Öeldakse samuti, et see objektiivne maailm on *maya*.

Amma: Jah, sest see on meele projektsioon. See, mis takistab meil nägemast seda tõelust, on *maya*.

Sandlipuust voolitud lõvi on lapse jaoks tegelik, aga täiskasvanu jaoks on see sandlipuu tükk. Lapse jaoks jääb puu varju, ilmutades ainult lõvi. Vanemad võivad samuti lõvist rõõmu tunda, aga nad teavad, et see pole päris. Nende jaoks on puu tegelik, mitte lõvi. Sarnasel viisil pole Eneseteostunud hinge jaoks kogu universum midagi muud, kui põhiolemus, see "puu", mis hõlmab endas kõike, Absoluutset Brahmanit ehk Teadvust.

Ateistid

Küsija: Amma, mida Sina ateistidest arvad?

Amma: Pole oluline, kas inimene usub Jumalasse või mitte, senikaua kui ta teenib korralikult ühiskonda.

Küsija: Sa ei hooli sellest vist eriti, ega?

Amma: Amma hoolib kõigist.

Küsija: Kuid kas Sinu meelest on nende vaated õiged?

Amma: Mis tähtsust sel on, mida Amma mõtleb, senikaua kui nad usuvad oma vaadetesse?

Küsija: Amma, Sa hiilid kõrvale, minu küsimusele vastamata.

Amma: Ja sina, tütar, utsitad Ammat tagant, et saada vastust, mida sa soovid.

Küsija (naerdes): Olgu peale, Amma, ma tahan teada, kas ateism on ainult intellektuaalne harjutus või on selles, mida nad räägivad, ka mingi mõte.

Amma: Mõte ja mõttetus sõltub inimese suhtumisest. Ateistid usuvad kindlalt, et pole olemas ühtegi ülimat jõudu või Jumalat. Sellegipoolest ütlevad mõned neist seda vaid avalikkuse ees, olles samas sisimas usklikud.

Ei ole midagi erilist taolistes intellektuaalsetes harjutustes. Terase mõistusega inimene võib Jumala olemasolu näiliselt nii tõestada kui ümber lükata. Ateism põhineb loogikal. Kuidas saavad intellektuaalsed harjutused tõestada või ümber lükata Jumalat, kes on mõistuse vallast kõrgemal?

Küsija: Niisiis, Amma, Sinu sõnadest võib järeldada, et nende vaated Jumala kohta on ebaõiged, on nii?

Amma: Nii nende kui ükskõik kelle teise vaated Jumala kohta on paratamatult ebaõiged, sest Jumalat pole võimalik vaadata mingi nurga alt. Jumal ilmutab end ainult siis, kui kõik vaated kaovad. Mõistusepärast loogikat saab kasutada millegi kinnitamiseks või ümberlükkamiseks. Aga see ei pruugi alati olla tõde.

Näiteks sa ütled: "A-l pole käes mitte midagi. B-l pole samuti käes mitte midagi. Ma ei näe midagi ka C käes. Järelikult pole mitte kellelgi mitte midagi käes." See on loogiline ja kõlab õigesti, aga on see nii? Sarnased on ka intellektuaalsed järeldused.

Tänapäeva ateistid raiskavad palju aega, püüdes tõestada, et Jumalat pole olemas. Kui nad on oma usus kindlad, siis mille pärast nad nõnda muretsevad? Selle asemel, et tegeleda destruktiivsete intellektuaalsete väitlustega, peaksid nad tegema midagi ühiskonnale kasulikku.

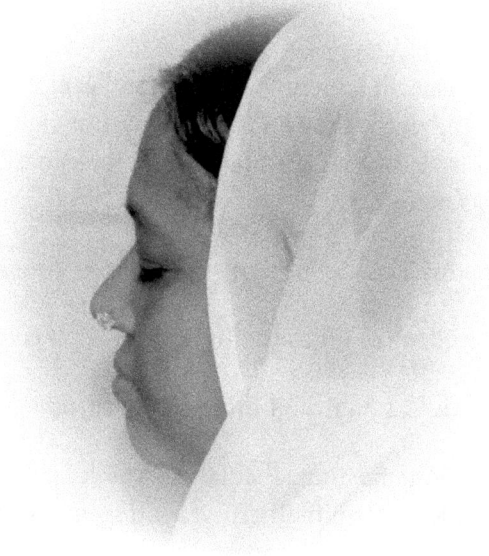

Rahu

Küsija: Mis on rahu Amma sõnul?

Amma: Kas sa küsid sisemise või välise rahu kohta?

Küsija: Ma tahan teada, mis on tõeline rahu.

Amma: Tütar, räägi Ammale kõigepealt, mis on rahu sinu arusaamise järgi.

Küsija: Ma arvan, et rahu on õnn.

Amma: Kuid mis on tõeline õnn? Kas see on midagi sellist, mis tuleb siis, kui kõik su soovid on rahuldatud, või on sul selle kohta mõni teine selgitus?

Küsija: Hmm...See on meeleseisund, mis tekib siis, kui kõik soovid on täidetud, eks ole?

Amma: Aga seda laadi õnnetunded haihtuvad varsti. Sa koged õnnetunnet, kui konkreetne soov on rahuldatud. Ent õige pea tekib selle asemel uus soov ja sa leiad end selle järele jooksmast. See protsess on lõputu, kas pole?

Küsija: See on tõsi. Kas tõeline õnn seisneb siis sisemises õnnetundes?

Amma: Hea küll, aga kuidas sa tunned end sisimas õnnelikuna?

Küsija (naerdes): Kas Sa üritad mind nurka suruda?

Amma: Ei, me jõuame aina lähemale vastusele, mida sa vajad. No kuule, tütar, kuidas on võimalik tunda end sisimas õnnelikuna, kui meel ei ole rahulik? Või sa arvad, et šokolaadi või jäätist süües end rahuliku ja tasakaalukana tundmine on tõeline rahu?

Küsija (naerdes): Oh ei, Sa kiusad mind.

Amma: Ei, tütar, Amma mõtleb seda tõsiselt.

Küsija (mõtlikult): See pole ei rahu ega õnn. See on lihtsalt nagu elevus või vaimustus.

Amma: Kas seda tüüpi vaimustus püsib sul kaua?

Küsija: Ei, see tuleb ja läheb.

Amma: Nüüd ütle Ammale, kas tunnet, mis tuleb ja läheb, saab pidada tõeliseks või püsivaks?

Küsija: Tegelikult mitte.

Amma: Siis kuidas sa seda nimetad?

Küsija: Seda, mis tuleb ja läheb, nimetatakse tavaliselt ajutiseks või mööduvaks.

Amma: Nüüd, kui sa oled seda ise öelnud, las Amma küsib sinult järgmist: kas sinu elus on olnud hetki, mil sa oled kogenud rahu ilma igasuguse põhjuseta?

Küsija (pärast mõningat mõtlemist): Jah, ükskord istusin ma oma maja taga aias, silmitsedes loojuvat päikest. See täitis mu südame enneolematu rõõmuga. Sel ilusal hetkel ma lihtsalt liuglesin olekusse, kus mul polnud mõtteid, ja ma tundsin enda sees ääretult suurt rahu ja rõõmu. Selle hetke jäädvustamiseks kirjutasin hiljem isegi luuletuse, mis seda kogemust kirjeldab.

Amma: Tütar, see ongi vastus sinu küsimusele. Rahu tekib siis, kui meel on vaikne ja mõtteid vähe. Mida vähem mõtteid, seda suurem rahu, ja mida rohkem mõtteid, seda vähem rahu. Tõeline rahu ja õnn on ilma igasuguse põhjuseta.

Rahu ja õnn on sünonüümid. Mida avatum sa oled, seda suuremat rahu ja õnne sa tunned, ja vastupidi. Kui me oma meelt teatud määral ei valitse, on tõelist rahu raske saavutada.

Sisemise rahu leidmine on tõeline tee, et leida rahu ka väljaspool. Sisemised ja välised pingutused peaksid käima käsikäes.

Küsija: Amma, kuidas Sa kirjeldaksid rahu vaimsest seisukohast.

Amma: Pole vahet vaimsel ja ilmalikul rahul. Nii nagu armastus on üks, on ka rahu üks. On küll astme tugevuse vahe. See sõltub sellest, kui sügavale enda sisse sa lähed. Meelt võib võtta kui järve; mõtted on virvendus järve pinnal. Iga mõte või ärevusetunne on nagu järve visatud kivi, mis loob lugematuid ringlaineid. Mediteeriv meel muutub nagu lootosõieks sellel järvel. Mõttevirved on endiselt olemas, kuid lootos ise on puutumatu. See lihtsalt huljub veepinnal.

"Jätke mind rahule! Ma tahan rahu saada!" Neid sõnu kuuleme tihtipeale — mõnikord keset tüli või kui kellelgi on olukorrast või teisest inimesest villand saanud. Kuid on see võimalik? Isegi kui me jätame selle inimese rahule, ei koge ta mingit rahu ega saa ka kunagi tõeliselt üksi olla. Oma toas suletud uste taga istudes haub ta juhtunu üle mõtteid, sisemiselt edasi pulbitsedes. Ta on häirivate mõtete maailmas edasi. Tõeline rahu on sügav tunne, mis valdab südame, kui oleme mineviku mõtetest vabad.

Rahu ei ole ärrituse vastand. See on ärrituse puudumine. See on täielikult lõdvestunud rahuseisund.

Elu suurim õppetükk

Küsija: Mis on kõige suurem õppetükk, mida elus on vaja ära õppida?

Amma: Olla maailma kiindunud mitteklammerduva suhtumisega.

Küsija: Kuidas saavad kiindumine ja mitteklammerdumine koos käia?

Amma: Kiindu ja lase vabaks, nii nagu sa soovid – tegutse ja lase siis lahti ning liigu edasi... tegutse jälle, siis lase lahti ja liigu edasi. Ülemäärane koorem teeb su rännaku ebamugavaks, on nii? Samamoodi teeb juhuslike unistuste, ihade ja kiindumuste lisakoorem su eluteekonna tõeliselt vaevaliseks.

Isegi suured keisrid, diktaatorid ja juhid kannatavad oma elu lõpul kohutavalt, olles kandnud elus taolist lisakoormat. Mitte miski peale mitteklammerdumise kunsti ei aita sul sel ajal olla rahulikus meeleseisundis.

Aleksander Suur oli vägev väejuht ja valitseja, kes oli vallutanud peaaegu ühe kolmandiku maailmast. Ta tahtis saada kogu maailma valitsejaks, kuid sai lahingus lüüa ja jäi surmavalt haigeks. Paar päeva enne oma surma kutsus Aleksander oma ministrid enda juurde ja andis neile teada, kuidas ta soovis saada maetud. Ta ütles, et tahab oma kirstu mõlemale küljele avausi, läbi mille tema käed jääksid rippu, peopesad ülespoole. Ministrid küsisid, mispärast ta seda soovib. Aleksander vastas, et selliselt saaksid kõik teada, et suur Aleksander, kes püüdis terve oma elu omada ja vallutada maailma, lahkus sealt täiesti paljakäsi. Ta ei võtnud isegi omaenda keha kaasa. Seeläbi inimesed mõistaksid, kui kasutu on kulutada kogu oma elu maailma ja maiseid asju taga ajades.

Kõigest hoolimata ei saa me lõpus midagi endaga kaasa võtta, isegi mitte oma keha. Nii et mis mõtet on liigsel klammerdumisel?

Kunst ja muusika

Küsija: Amma, olles artist – muusik –, sooviksin teada, milline peaks olema minu suhtumine minu erialasse ja kuidas väljendada üha rohkem oma muusikalisi andeid?

Amma: Kunst on Jumala ilu väljendus muusika, maali, tantsu ja nii edasi vormis. See on üks lihtsamaid teid jõuda oma sisemise jumalikkuseni.

On palju pühakuid, kes leidsid Jumala muusika kaudu. Nii et muusikuna oled sa eriliselt õnnistatud. Oma suhtumises töösse ole algaja, laps Jumala, jumalikkuse ees. See aitab sul saada ühendust oma meele ammendamatute võimalustega. Ja see omakorda aitab sul üha paremini väljendada oma muusikalist annet palju sügavamal moel.

Küsija: Aga, Amma, kuidas olla laps, algaja?

Amma: Lihtsalt tunnistades ja tähele pannes oma teadmatust, muutud sa automaatselt algajaks.

Küsija: Ma mõistan seda, aga ma pole täiesti teadmatu. Ma olen väljaõppinud muusik.

Amma: Kui palju sul haridust on?

Küsija: Ma õppisin muusikat kuus aastat ja olen viimased 14 aastat esinenud muusikuna.

Amma: Kui suur on kosmos?

Küsija (pisut segaduses olles): Ma ei mõista Sinu küsimust.

Amma (naeratades): Sa ei mõista küsimust, sest sa ei mõista kosmost, kas pole?

Küsija (õlgu kehitades): Võib-olla.

Amma: Võib-olla?

Küsija: Aga milline seos on minu küsimusel ja Sinu küsimusel "Kui suur on kosmos?"?

Amma: Need on seotud. Puhas muusika on avar nagu kosmos. See on Jumal. See on puhas teadmine. See on saladus, kuidas lasta universumi puhtal helil endast läbi voolata. Muusikat pole võimalik õppida 20 aastaga. Sa võid küll olla laulnud viimased 20 aastat, aga muusika tõeline mõistmine tähendab aduda muusikat omaenda Minana. Selleks et mõista muusikat oma Minana, pead laskma muusikal end täielikult vallata. Et sinu südant saaks täita rohkem muusikat, on sul vaja luua enda sees rohkem ruumi. Mida rohkem mõtteid, seda vähem on ruumi. Nüüd mõtiskle: "Kui palju on minu sees ruumi puhta muusika jaoks?"

Kui sa tõesti soovid, et sinu muusikalised anded avalduksid üha täielikumalt, siis vähenda ebavajalike mõtete hulka ja tee rohkem ruumi, et muusika energia saaks sinu sees voolata.

Armastuse allikas

Küsija: Amma, kuidas õpitakse puhast, süütut armastust, nagu Sa seda nimetad?

Amma: Õppida saab ainult midagi sellist, mis on võõras. Aga armastus on sinu tõeline olemus. Sinu sees on armastuse allikas. Astu selle allikaga õigel moel ühendusse ja jumaliku armastuse *shakti* [energia] täidab Sinu südame, avardudes lõputult Sinu sees. Sa ei saa seda esile kutsuda; sa saad ainult luua õige suhtumise enda sisimas, et see juhtuks.

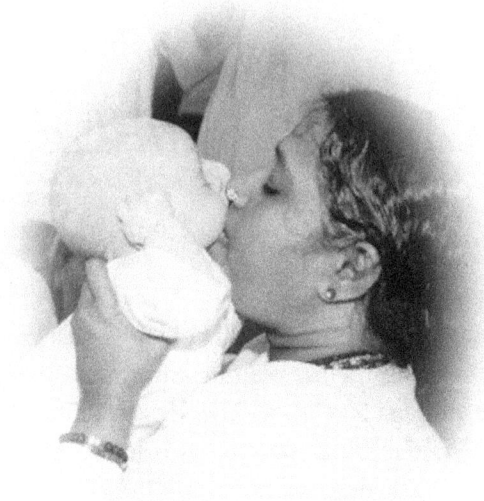

Mispärast sa kallistad?

Küsija: Amma, Sa kallistad kõiki. Kes kallistab Sind?

Amma: Kogu loodu kallistab Ammat. Tegelikult on Amma ja loodu igikestvas embuses.

Küsija: Amma, miks sa kallistad inimesi?

Amma: Samahästi võid küsida jõelt: "Mispärast sa voolad?"

Iga hetk on hinnaline õppetund

Käis hommikune darshan. Amma oli just lõpetanud oma laste küsimustele vastamise – järjekord oli olnud pikk. Sügavalt ohates kavatsesin just teha väikese pausi, kui üks pühendunu tuli äkki minu poole ja ulatas mulle paberi. See oli veel üks küsimus. Ausalt öeldes olin ma natuke ärritunud. Võtsin talt siiski paberi ja pärisin: "Kas sa saaksid oodata homseni? Me oleme täna hommikuks lõpetanud."

Ta lausus: "See on tähtis. Miks sa ei saa praegu küsida?" Ma arvasin või ehk kujutasin ette, et ta on nõudlik.

"Kas ma pean seda sulle selgitama?" sähvasin ma.

Ta ei andnud alla. "Sa ei ole kohustatud, aga miks sa ei võiks Ammalt küsida? Võib-olla Amma on nõus minu küsimusele vastama."

Selle peale ma lihtsalt eirasin teda ja vaatasin teises suunas. Amma andis darshanit. Meie vaidlus toimus darshanitooli taga. Me mõlemad rääkisime vaikselt, aga karmilt.

Äkki pöördus Amma ringi ja küsis minult: "Kas sa oled väsinud? On sul uni? Kas sa oled söönud?" Olin rabatud ja samas tundsin ka häbi, sest Ta oli vestlust pealt kuulnud. Tegelikult olin ma rumalasti käitunud. Oleksin pidanud targem olema. Ehkki Amma andis darshanit ja me rääkisime vaikselt, siis ikkagi Tema silmad, kõrvad ja kogu keha näeb, kuuleb ja tunneb kõike.

Amma jätkas: "Kui sa oled väsinud, mine tee paus, aga võta kõigepealt selle poja küsimus vastu. Õpi teistega arvestama. Ära ole nii kindel, et see, mida sa tunned, on õige."

Ma vabandasin mehe ees ja võtsin tema küsimuse vastu. Amma vastas tema murele armastavalt ja mees lahkus rahulolevana. Muidugi oli küsimus tähtis, nii nagu mees oli öelnud.

Kui ta oli lahkunud, lausus Amma: "Vaata, mu poeg, kui sa reageerid kellelegi ärritusega, siis sina eksid ja enamasti on teisel õigus. Sellel, kellel on parem meeleseisund, on olukorrast selgem pilt. Ärritunud reaktsioon teeb su pimedaks. Sinu ärritunud suhtumine ei aita sul näha teisi või arvestada nende tunnetega.

Enne mingile olukorrale reageerimist võiksid vahet pidada ja öelda teisele inimesele: "Anna mulle natuke aega, enne kui ma vastan sulle. Las ma mõtlen selle üle, mis sa ütlesid. Võib-olla on sul õigus ja mina eksin?" Kui sul on julgust seda öelda, siis sa vähemalt arvestad teise inimese tunnetega. See ennetab paljusid ebameeldivaid sündmusi, mis võiksid hiljem esile kerkida."

Ma olin suure Meistri järjekordse hindamatu õppetunni tunnistajaks. Mind valdas alandlikkus.

Mõista valgustunud olendit

Küsija: Kas meie meel on võimeline mõistma Mahatmat?

Amma: Esiteks, Mahatmat ei saa mõista. Teda saab ainult kogeda. Oma kõikuva ja kahtleva loomuse tõttu ei ole meel võimeline kogema midagi nii, nagu see on, isegi kui tegemist on maise asjaga. Näiteks, kui sa tahad tõeliselt kogeda lille, siis meel peatub ja toimima hakkab midagi meeleülest.

Küsija: Amma, Sa ütlesid: "Meel peatub ja toimima hakkab midagi meeleülest". Mis see on?

Amma: Võid seda nimetada südameks, aga see on ajutise sügava vaikuse seisund – meele vaikimine, mõtetevoolu peatumine.

Küsija: Amma, kui Sa ütled "meel", siis mida sa sellega silmas pead? Kas see tähendab ainult mõtteid või tähistab see midagi enamat?

Amma: Meel sisaldab mälu, see on mineviku, mõtlemise, kahtlemise, määratlemise ja "mina"-tunde ladu.

Küsija: Aga kõik emotsioonid?

Amma: Need on samuti meele osad.

Küsija: Olgu peale, nii et kui sa ütled, et meel ei saa mõista Mahatmat, siis sa tahad sellega öelda, et see keeruline mehhanism ei suuda mõista seisundit, milles Mahatma on.

Amma: Jah. Inimmeel on ettearvamatu ja keeruline. Tõeotsijal on väga oluline teada, et ta ei suuda Satguru [Tõelist Meistrit] ära tunda.

Puuduvad kriteeriumid, mille järgi seda teha. Joodik tunneb ära teise joodiku. Sarnaselt mõistavad teineteist mängurid. Ihnuskoi tunneb ära teise ihnuskoi. Nad kõik on sarnase vaimulaadiga. Ent Satguru äratundmiseks pole meil mõõdupuud. Ei meie füüsilised silmad ega meie meel suuda näha suurt olendit. Selleks on vaja spetsiaalset harjutamist. See on *sadhana* [vaimne praktika]. Ainult pidev *sadhana* aitab meil saavutada jõu, mida on vaja meele pinnapealse kihi läbistamiseks ja sügavuti minemiseks. Kui sa tungid meele pindmisest kihist sügavamale, seisad sa silmitsi lugematute emotsioonide ja mõtete kihtidega. Et minna meele kõigist keerulistest, jämedatest ja peentest kihistutest läbi ja neist edasi, on *sadhak*il [vaimsel õpilasel] vaja pidevat Satguru juhendust. Meele sügavamatesse kihtidesse süüvimist, erinevate kihtide läbimist ja sellest edukat väljatulekut nimetatakse *tapas*iks [vaimseks distsipliiniks, kasinuseks]. See, sealhulgas lõplik tavameele ületamine, on võimalik ainult Satguru tingimusteta armu läbi.

Meelel on alati ootused. Meele enda eksistentski seisneb ootamises. Mahatma ei lähe kaasa meele ootuste ja ihadega. Et kogeda Meistri puhast teadvust, peab meele tavaloomus kaduma.

Amma – ammendamatu energia

Küsija: Amma, kas Sa oled kunagi tahtnud loobuda tööst, mida sa teed?

Amma: See, mida Amma teeb, ei ole töö. See on teenimine. Teenimises on ainult puhas armastus. Seetõttu pole see töö. Amma teenib oma lapsi kui Jumalat. Lapsed, te olete kõik Amma Jumalad.

Armastus ei ole midagi keerulist. See on lihtne, iseeneslik ja tegelikult meie põhiolemus. Seetõttu pole see töö. Amma jaoks on oma laste isiklik kallistamine kõige lihtsam viis väljendada oma armastust nende ja kõige loodu vastu. Töö on väsitav ja see pillab energia laiali; seevastu armastus ei saa kunagi olla väsitav või igav. Vastupidi, see täidab su südant lakkamatult üha uue energiaga. Puhas armastus paneb su end tundma kergena nagu lill. Sa ei tunne mingit raskust ega koormat. Ego tekitab koorma.

Päike ei lakka kunagi paistmast, tuul puhub igavesti ja jõgi ei lõpeta kunagi voolamist, öeldes: "Aitab! Ma olen sedasama tööd teinud igavesest ajast saadik, nüüd on aeg asja muuta." Ei, nad ei peatu kunagi. Nad jätkavad senikaua, kuni eksisteerib maailm, sest see on nende olemus. Samamoodi ei saa Amma lõpetada armastuse andmist oma lastele, sest Ta ei tüdine kunagi oma laste armastamisest ära.

Tüdimus tekib ainult seal, kus puudub armastus. Siis sa soovid ikka ja jälle muutust, minna ühest kohast teise, ühe asja juurest teise juurde. Samas, miski ei vanane, kui on olemas armastus. Kõik on igavesti uus ja värske. Sellegipoolest, Amma jaoks on praegune hetk palju olulisem kui see, mida on homme vaja teha.

Küsija: Kas see tähendab, et sa jätkad darshani andmist veel pikki aastaid?

Amma: Senikaua, kui need käed suudavad vähegi liikuda ja sirutuda nendeni, kes Tema juurde tulevad, ning senikaua, kui tal on natukenegi jõudu ja energiat panna oma käed nutvate inimeste õlale ja neid kallistada ja nende pisaraid pühkida, jätkab Amma darshani andmist. Amma soov on kallistada armastusega inimesi, neid lohutada ja pühkida nende pisaraid oma sureliku keha lõpuni.

Amma on andnud darshanit viimased 35 aastat. *Paramatmani* [Ülima hinge] armu läbi pole Amma siiani pidanud mitte ühtegi darshanit ega programmi ära jätma füüsiliste probleemide tõttu. Amma ei muretse järgmise hetke pärast. Armastus on praeguses hetkes, õnn on praeguses hetkes, Jumal on praeguses hetkes ja ka valgustumine on praeguses hetkes. Nii et miks muretseda tarbetult tuleviku pärast? Praegu toimuv on olulisem kui see, mis tulevikus juhtub. Kui olevik on nii ilus ja nii täiuslik, siis milleks muretseda tuleviku pärast? Las tulevik rullub ise olevikust lahti.

Kadunud poeg leitud

Dr Jaggu on Amma India ashrami elanik. Hiljaaegu andis tema perekond talle raha, et reisida Ammaga Euroopasse. Selleks ajaks, kui ta oma viisa korda sai, oli Amma oma ringreisi kaaskonnaga juba Indiast lahkunud. Sellegipoolest oli meil kõigil hea meel selle üle, et Jaggul oli võimalik meiega ühineda Belgias Antwerpenis.

See oli Jaggu esimene reis Indiast väljapoole. Ta ei olnud kunagi lennukiga sõitnud. Niisiis korraldasime aegsasti kõik nõnda, et keegi läheks talle kindlasti lennujaama vastu. Pühendunud ootasid autoga lennujaama ees väljas, aga Jaggut välja ei tulnud. Lennujaama ametnikud kinnitasid, et Jaggu-nimeline reisija oli olnud Londoni Heathrow' lennukis. Nad ütlesid, et ta maandus Brüsseli rahvusvahelises lennujaamas umbes kella 16 paiku. Lennuki maandumisest oli möödunud neli tundi, aga Jaggust polnud ikka veel mingit märki.

Lennujaama töötajate abiga otsisid kohalikud pühendunud terve lennujaama põhjalikult läbi. Lennujaama infosüsteemist kuulutati Jaggu nime mitu korda. Sellele ei tulnud mitte mingit vastust ja Jaggust polnud kusagil mitte mingit märki.

Lõpuks olid kõik sunnitud arvama, et dr. Jaggu oli kusagil ära kadunud – kas siis hiigelsuures lennujaamas või Brüsseli linnas, lootusetus katses jõuda kuidagi programmi toimumispaika.

Sel ajal laulis Amma õndsalt uusi *bhajan*eid, istudes rahulikult kogu rühma keskel. Kuna kõik olid Jaggu ootamatu kadumise pärast natuke mures ja rahutud, andsin Ammale uudist teada laulmise ajal. Eeldasin, et Ta väljendab ülevoolavat emalikku muret. Aga minu hämminguks pöördus Amma ringi ja lausus lihtsalt: "Tule ja laula järgmine laul."

Minu jaoks oli see positiivne märk. Nähes, et Amma jääb kõigutamatult rahulikuks, ütlesin pühendunutele: "Küllap on Jagguga kõik korras, sest Amma on nii rahulik. Kui midagi oleks viltu, oleks Ta kindlasti palju murelikum."

Vaid paar minutit hiljem tuli *brahmachari* Dayamrita ja teatas: "Jaggu ilmus just peavärava juures välja." Peaaegu kohe astus dr Jaggu sisse, lai naeratus näol.

Nagu Jaggu jutust oma seikluste kohta selgus, siis oli ta tõesti ära eksinud. Ta rääkis: "Kui ma lennujaamast välja tulin, ei olnud seal kedagi. Ma ei teadnud, mida teha. Ehkki ma olin natuke mures, oli mul kindel usk, et Amma saadab kellegi mind sellest täiesti tundmatust olukorrast päästma. Õnneks oli mul programmi toimumispaiga aadress. Ühel paaril hakkas minust kahju ja nad aitasid mul siia jõuda."

Amma lausus: "Amma teadis väga hästi, et sinuga on kõik korras ja et sa leiad kindlasti oma tee siia. Sellepärast jäi Amma rahulikuks, kui nad ütlesid, et sa oled kadunud."

Hiljem sel õhtul küsisin Amma käest, kuidas Ta teadis, et Jagguga oli kõik korras. Ta vastas: "Amma lihtsalt teadis."

"Aga kuidas?" Minu uudishimu kasvas.

Amma ütles: "Nii nagu sa näed oma pilti peeglis, nägi Amma, et temaga on kõik korras."

Ma küsisin: "Kas Sa nägid, et Jaggu saab abi, või Sa inspireerisid seda paari teda aitama?" Amma ei lausunud selle kohta rohkem sõnagi, ehkki ma proovisin veel paar korda küsida.

Vägivald

Küsija: Amma, kas vägivalla ja sõja abil on kunagi võimalik saavutada rahu?

Amma: Sõda ei saa olla rahu saavutamise vahend. See on ehe tõde, mida ajalugu on meile näidanud. Kuni ei toimu muutust inimeste teadvuses, jääb rahu kättesaamatuks. Muutuse toob ainult vaimsusel põhinev mõtlemine ja elu. Seetõttu ei õnnestu meil mitte kunagi parandada ühtegi konkreetset olukorda sõjapidamisega.

Rahu ja vägivald on vastandid. Vägivald on tugev reaktsioon, mitte vastus. Reaktsioon päästab valla üha järgmisi reaktsioone. See on lihtne loogika. Amma on kuulnud, et Inglismaal oli veider varaste karistamise viis. Süüalune toodi ristteele, võeti paljaks ja piitsutati suure rahvahulga ees. Selle eesmärk oli anda kogu linnale teada, kui raske karistuse nad saavad, kui peaksid sooritama kuriteo. Ometi pidid nad varsti seda süsteemi muutma, sest need sündmused lõid hea võimaluse taskuvarastele. Nood kasutasid ära hea võimaluse tühjendada nende taskuid, kes olid vaatepildi lummuses. Karistuspaigast endast sai kuritegevuse kasvulava.

Küsija: Kas see tähendab, et karistusi ei tohiks üldse olla?

Amma: Ei, ei, sugugi mitte. Kuna enamik inimesi maailmas ei oska kasutada vabadust ühiskonnale kasutooval moel, on mõningane hirm kasuks – "Kui ma seadust ei täida, saan karistada". Ent vägivalla ja sõja tee valimine rahu ja harmoonia loomiseks ühiskonnas ei anna püsivat tulemust. See on nii lihtsalt seetõttu, et vägivald tekitab ühiskonna teadvuses sügavaid haavu ja haavatuse tundeid, mis hiljem avalduvad veelgi suurema vägivalla ja konfliktidena.

Küsija: Niisiis, mis oleks lahendus?

Amma: Tee kõik, mis sa suudad, et avardada oma teadvust. Ainult avardunud teadvus on võimeline tõeliseks mõistmiseks. Sellised inimesed üksi on võimelised muutma ühiskonna väljavaateid. Sellepärast ongi vaimsus tänapäeva maailmas nii oluline.

Probleem seisneb teadmatuses

Küsija: Kas on mingit vahet India ja Lääne inimeste probleemidel?

Amma: Väliselt on India ja Lääne inimeste probleemid erinevad. Aga põhiprobleem, kõikide probleemide juur on kõikjal maailmas üks ja seesama. See on teadmatus – teadmatus Atmanist [Minast], meie põhiolemusest.

Tänapäeva maailma tunnuseks on liiga suur mure füüsilise turvalisuse pärast ja liiga väike huvi vaimse turvalisuse vastu. Tulipunkt peaks muutuma. Amma ei ütle, et inimesed ei peaks hoolitsema oma keha ja füüsilise eksistentsi eest. Ei, mõte pole selles. Põhiprobleemiks on hoopis segadus selles osas, mis on püsiv ja mis mittepüsiv. Püsimatule, milleks on keha, omistatakse liiga palju tähtsust, ja püsiv, milleks on Atman, unustatakse täiesti ära. See hoiak peaks muutuma.

Küsija: Kas Sa näed võimalust, et meie ühiskonnas toimuks muutus?

Amma: Võimalused on alati olemas. Oluline küsimus seisneb selles, kas ühiskond ja üksikisikud on valmis muutuma.

Koolis saavad kõik õpilased ühesuguse võimaluse. Ent see, kui palju õpilane õpib, sõltub tema vastuvõtlikkusest.

Tänapäeva maailmas tahavad kõik, et teised muutuksid enne. Raske on leida inimesi, kes siiralt tunnevad, et nemad ise peavad läbi tegema muutuse. Selle asemel et mõelda, et kõigepealt peaksid teised muutuma, peaks iga inimene proovima muuta iseennast. Kui muutust ei toimu sisemaailmas, jäävad asjad välismaailmas enam-vähem samasuguseks.

Alandlikkuse tõlgendus

Pühendunule, kes esitas küsimuse alandlikkuse kohta.

Amma: Kui me tavaliselt ütleme: "See inimene on nii aland-lik", tähendab see lihtsalt: "Ta on tugevdanud minu ego ja aidanud mul hoida seda tervena, ta ei teinud sellele haiget. Ma tahtsin, et ta teeks minu heaks midagi, ja ta tegi seda vastu vaidle-mata. Nii et ta on väga alandlik inimene." Tegelikult tähendab meie väide seda. Ent niipea, kui see "alandlik inimene" avab oma suu ja seab meie tegevuse kahtluse alla, isegi kui selleks on hea põhjus, meie arvamus muutub. Nüüd me ütleme: "Ta ei olegi nii alandlik, nagu ma arvasin." See tähendab: "Ta on mu egole haiget teinud ja seetõttu ta polegi nii alandlik."

Kas me oleme erilised?

Reporter: Amma, kas Sinu meelest on selle maa inimesed erilised?

Amma: Amma jaoks on kogu inimsugu, kõik loodu väga eriline, sest jumalikkus on kõiges. Amma näeb seda jumalikkust ka siinsetes inimestes. Nii et te kõik olete erilised.

Eneseabi või tõeline eneseabi

Küsija: Eneseabimeetodid ja eneseabiraamatud on saanud lääne ühiskonnas päris populaarseks. Amma, kas sa palun jagaksid oma mõtteid sellel teemal?

Amma: Kõik sõltub sellest, kuidas eneseabi tõlgendada.

Küsija: Mida sa selle all mõtled?

Amma: Kas see on eneseabi või tõeline eneseabi?

Küsimus: Mis vahet seal on?

Amma: Tõeline eneseabi aitab südamel õitsele puhkeda, seevastu eneseabi tugevdab ego.

Küsija: Mida Sa siis soovitad, Amma?

Amma: Amma ütleks: "Tunnista tõde".

Küsija: Ma ei mõista.

Amma: See tuleb egost. Ego ei lase sul tunnistada Tõde ega midagi õigesti mõista.

Küsija: Kuidas ma näeksin Tõde?

Amma: Tõe nägemiseks on kõigepealt vaja näha valet.

Küsija: Kas ego on tõepoolest illusioon?

Amma: Kas sa nõustud sellega, kui Amma ütleb nii?

Küsija: Hmm...kui sa tahad.

Amma (naerdes): Kui *Amma* tahab? Küsimus on selles, kas *sina* tahad Tõde kuulda ja tunnistada?

Küsija: Jah, ma tahan Tõde kuulda ja tunnistada.

Amma: Siis Tõde on Jumal.

Küsija: See tähendab, et ego pole tegelikult olemas; on nii?

Amma: Ego pole tegelikult olemas. Selles sinu probleem seisnebki.

Küsija: Nii et kõik kannavad endas seda probleemi, kuhu iganes nad ka ei lähe?

Amma: Jah, inimesed on muutumas liikuvateks probleemideks.

Küsija: Niisiis, mis on järgmine samm?

Amma: Kui sa tahad tugevdada ego, siis aita endal saada tugevamaks. Kui sa tahad Tõelist Eneseabi, siis otsi Jumala abi.

Küsija: Paljud inimesed kardavad kaotada oma ego. Nad arvavad, et see on nende maailmas eksisteerimise alus.

Amma: Kui sa tõesti tahad otsida Jumala abi ja leida oma Tõelist Mina, siis sa ei peaks kartma oma ego, oma väikese mina kaotamist.

Küsija: Aga samas me jõuame ilmalike saavutusteni – mis on otsesed, vahetud kogemused – ego tugevdamise abil. Seevastu oma ego kaotades pole kogemus nii otsene ja vahetu.

Amma: Seetõttu on usk teekonnal Tõelise Minani nii tähtis. Et kõik töötaks hästi ja tooks kaasa õige tulemuse, on vaja luua õiged kontaktid ja kasutada õigeid allikaid. Vaimsuse kokkupuutepunkt ja allikas asuvad sees. Võta ühendust selle punktiga ning sa saad otsese ja vahetu kogemuse.

Ego on ainult väikene leek

A mma: Ego on väga väike leek, mille võib iga hetk kustutada.
Küsija: Kuidas Sa kirjeldaksid ego selles kontekstis?

Amma: Kõik, mis sa omandad – nimi, kuulsus, raha, võim, positsioon – ei toida midagi muud kui ego väikest leeki, mille võib iga hetk kustutada. Isegi keha ja meel on ego osad. Nad kõik on oma olemuselt ebapüsivad, seetõttu on ka nemad selle tühise leegi osad.

Küsija: Aga Amma, tavalise inimese jaoks on need tähtsad asjad.

Amma: Muidugi on nad tähtsad. See ei tähenda aga, et nad oleksid püsivad. Nad on tühised, sest nad on püsitud. Sa võid nad iga hetk kaotada. Aeg röövib nad ilma ette teatamata. Nende kasutamine ja nautimine on hea, aga nende pidamine igikestvaks on väärarusaam. Teiste sõnadega: mõista, et nad on mööduvad, ja ära ole nende üle liiga uhke.

Kõige olulisem asi elus on rajada sisemine ühendus püsiva ja muutumatuga – Jumala ehk Minaga. Jumal on allikas, meie elu ja eksistentsi tõeline kese. Kõik muu on perifeerne. Tõelist Eneseabi saab ainult siis, kui sa lood ühenduse Jumalaga, tõelise *bindu*ga [keskmega], mitte perifeeriaga.

Küsija: Amma, kas me saavutame midagi selle ego väikese leegi kustutamisega? Võime ju hoopis kaotada oma identiteedi üksikisikuna.

Amma: Selge see, kustutades väiksema ego leegi, kaotad sa oma identiteedi väikese, piiratud üksikisikuna. Sellegipoolest, see ei ole absoluutselt mitte midagi, võrreldes sellega, mis sa selle näiva kaotuse kaudu saavutad – puhta teadmise päikese, kustumatu valguse. Ja veel, kui sa kaotad oma identiteedi väikese, piiratud "minana", saad sa üheks suurematest suuremaga, universumiga, tingimusteta teadvusega. Selleks et see kogemus aset leiaks, vajad sa pidevat Satguru [Tõelise Õpetaja] juhendust.

Küsija: Kaotada oma identiteet! Kas see pole hirmuäratav kogemus?

Amma: See tähendab ainult oma väikese "mina" kaotamist. Meie Tõelist Mina ei saa kunagi kaotada. See on hirmuäratav sellepärast, et sa oled tugevalt samastunud oma egoga. Mida suurem ego, seda rohkem sa kardad ja ühtlasi seda haavatavam sa oled.

Uudised

Ajakirjanik: Amma, mis on Sinu arvamus uudistest ja ajakirjandusest?

Amma: Väga hea, kui nad täidavad oma vastutust ühiskonna ees ausalt ja tõepäraselt. Nad osutavad inimkonnale suure teene. Amma on kuulnud lugu: Kord saadeti rühm mehi aastaks metsa tööle. Neile määrati kaks naist kokaks. Lepingu lõppedes kaks meest rühmast abiellusid nende kahe naisega. Järgmisel päeval oli ajalehes kuum uudis: "Kaks protsenti meestest abiellub 100% naistega!"

Ajakirjanikule lugu meeldis ja ta naeris südamest.

Amma: Taoline uudiste edastamine on vastuvõetav, kui seda tehakse huumori mõttes, aga mitte tõsiseltvõetava reportaaži jaoks.

Šokolaadisüda ja kolmas silm

Üks pühendunu uinus, kui proovis mediteerida. Amma viskas tema pihta šokolaadisüdame. Amma vise oli täpne. Šokolaadisüda tabas täpselt kulmude vahele. Mees avas võpatades silmad. Šokolaad käes, vaatas mees ringi, et saada aru, kust see on tulnud. Tema pilku nähes pahvatas Amma naerma. Kui mees sai aru, et selle oli visanud Amma, läks tema nägu rõõmsaks. Ta puudutas šokolaadiga oma otsaesist, nagu oleks sellele kummardanud. Aga järgmisel hetkel ta naeris kõva häälega, tõusis oma kohalt püsti ja kõndis Amma juurde.

Küsija: Süda tabas õiget kohta, kulmude vahel, vaimses keskuses. Võib-olla aitab see mu kolmandal silmal avaneda.

Amma: Ei aita.

Küsija: Miks?

Amma: Sest sa ütlesid: "Võib-olla"; see tähendab, et sa kahtled. Su usk pole jäägitu. Kuidas see saab juhtuda, kui sul pole usku?

Küsija: Nii et sa ütled, et see oleks juhtunud, kui mul oleks jäägitu usk?

Amma: Jah. Kui sul on jäägitu usk, siis võib eneseteostumine juhtuda iga hetk, ükskõik kus.

Küsija: Võib see tõsi olla?

Amma: Jah, muidugi.

Küsija: Oh, mu Jumal... kas ma magasin suure võimaluse maha?

Amma: Ära muretse, ole teadvel ja virge. Võimalused tulevad jälle. Ole kannatlik ja jätka püüdlusi.

Mees paistis natuke pettunud ja pöördus ringi, et tagasi oma kohale minna.

Amma (patsutades meest seljale): Muuseas, miks sa kõva häälega naerma puhkesid?

Selle küsimuse peale hakkas pühendunu uuesti naerma.

Küsija: Kui ma meditatsiooni ajal tukastasin, nägin imelist unenägu. Ma nägin, et sa viskad minu poole šokolaadisüdame, et mind üles äratada. Järsku ärkasin üles. Ja mul kulus mõni hetk, enne kui aru sain, et Sa olid tõepoolest šokolaadisüdame visanud.

Koos mehega puhkesid naerma ka Amma ja kõik Amma ümber istuvad pühendunud.

Valgustumise olemus

Küsija: Kas Sa oled millegi pärast eriliselt mures või rahul?

Amma: Väline Amma muretseb oma laste heaolu pärast. Ja selleks et aidata oma lastel vaimselt kasvada, võib Ta teinekord olla ka nendega rahul või nende peale pahane. Ent sisemine Amma on häirimatu ja erapooletu, pideva õndsuse ja rahu seisundis. Teda ei mõjuta miski, mis toimub väliselt, sest Ta on täiesti teadlik üldpildist suuremas plaanis.

Küsija: Kõrgeima olemisseisundi kirjeldamiseks kasutatakse palju omadussõnu. Nagu näiteks kõigutamatu, kindel, liikumatu, muutumatu ja nii edasi. See jätab mulje, nagu oleks tegemist mingi tahke, kivisarnase olekuga. Amma, palun aita mul seda paremini mõista.

Amma: Nende sõnadega püütakse edasi anda sisemist mitteklammerdumise seisundit, võimet vaadelda ja olla kõige tunnistaja – distantseerida end kõigist eluseikadest.

Sellegipoolest, valgustumine ei ole kivistunud olek, kus kaotatakse igasugused sisemised tunded. See on meeleseisund, vaimne tasand, millesse sul on võimalik tõmbuda ja selles süvenenult püsida, mil iganes soovid. Kui sul on ühendus lõputu energiaallikaga, siis sinu võime kõike tunda ja väljendada omandab erilise, ebamaise ilu ja sügavuse. Kui valgustunud inimene soovib, võib ta väljendada emotsioone just sellise intensiivsusega, nagu ta soovib.

Sri Rama nuttis, kui deemon-kuningas Ravana röövis tema püha kaasa Sita. Kurtes nagu tavaline surelik inimene, küsis ta igalt olendilt metsas: "Kas sa oled näinud minu Sitat? Kuhu ta küll läks, jättes mind üksi?" Krišna silmi tulid pisarad, kui Ta nägi üle väga pika aja oma kallist sõpra Sudamat. Sarnaseid juhtumeid esines ka

Kristuse ja Buddha eludes. Need Mahatmad olid nii avatud nagu lõputu kosmos ja võisid seetõttu väljendada ükskõik mis emotsiooni nad soovisid. Nad peegeldasid, mitte ei reageerinud.

Küsija: Peegeldasid?

Amma: Mahatmad vastavad olukordadele täiusliku spontaansusega, nagu peegel. Söömine siis, kui sa oled näljane, on vastus. Seevastu söömine alati, kui sa näed toitu, on reaktsioon. See on samuti ka haigus. Mahatma toimimisviis on vastata konkreetsele olukorrale, jäädes sellest kõigutamatuks, ja liikuda järgmisesse hetke.

Emotsioonide tundmine ja väljendamine ning nende jagamine ausalt, ilma tagasi hoidmata, ainult suurendab valgustunud olendi vaimset hiilgust ja au. Seda nõrkusena tõlgendada on ekslik. Selles peaks pigem nägema nende kaastunde ja armastuse väljendust inimlikumal moel. Kuidas muidu saaksid tavalised inimesed aru nende hoolivusest ja armastusest?

Nägija

Küsija: Mis takistab meil kogemast Jumalat?

Amma: Eraldatuse tunne.

Küsija: Kuidas me sellest vabaneda saaksime?

Amma: Muutudes üha teadlikumaks, olles rohkem teadvel.

Küsija: Teadvel millest?

Amma: Teadvel kõigest, mis toimub sees ja väljas.

Küsija: Kuidas me saame oma teadlikkust tõsta?

Amma: Teadlikkus tuleb siis, kui sa mõistad, et kõik, mida meel projitseerib, on tähenduseta.

Küsija: Amma, pühakirjad ütlevad, et meel on inertne, kuid Sina ütled, et meel projitseerib. Siin paistab olevat vastuolu. Kuidas saab meel projitseerida, kui ta on liikumatu?

175

Amma: Nii nagu inimesed, eeskätt lapsed, projitseerivad erinevaid vorme piiritusse taevasse. Taevasse vaadates ütlevad väikesed lapsed: "Näe, seal on vanker ja seal läheb deemon. Oi! Vaata selle taevaolendi hiilgavat nägu!", ja nii edasi. Kas see tähendab, et need kujud on ka tegelikult taevas? Ei, lapsed lihtsalt kujutavad neid vorme piiritus taevas ette. Tegelikult hoopis pilved moodustavad erinevaid vorme. Taevas – piiritu ruum – lihtsalt on, kõik nimed ja vormid on lihtsalt meie poolt sellele omistatud.

Küsija: Kuid kui meel on inertne, siis kuidas ta saab Atmanit varjata või sellele midagi omistada?

Amma: Ehkki tundub, nagu oleks meel see, mis näeb, siis tegelik nägija on Atman. Omandatud kalduvused, mis moodustavad meele, on nagu prillid. Iga inimene kannab erinevat värvi klaasidega prille. Prillide värvist sõltuvalt näeme ja hindame ka maailma. Nende prillide taga püsib liikumatu Atman kui tunnistaja, lihtsalt valgustades kõike oma kohalolekuga. Kuid me ajame meele Atmaniga segamini. Oletame, et kanname roosasid päikeseprille – siis näeme ju kogu maailma roosana? Kes on siin tõeline nägija? "Meie" oleme tõelised nägijad, ja prillid on lihtsalt inertsed, kas pole?

Me pole võimelised nägema päikest, kui seisame puu taga. Kas see tähendab, et puu on võimeline katma päikest? Ei, ta lihtsalt näitab meie silmade ja nägemise piiratust. Sarnasel moel tekib meil ka tunne, et meel võib katta Atmanit.

Küsija: Kui Atman on meie olemus, siis miks peaksime me selle tundmaõppimiseks pingutama?

Amma: Inimestel on vale arusaam, et nad võivad saavutada kõike pingutuse kaudu. Pingutus on tegelikult meie sees olev uhkus. Teekonnal Jumala juurde varisevad kokku kõik pingutused, mis tulenevad egost, ja lõpevad ebaõnnestumisega. Tegelikult on see jumalik sõnum vajadusest alistuda ja saada armu osaliseks. See aitab meil lõpuks mõista oma pingutuste, oma ego piiratust. Lühidalt, pingutus õpetab meile, et ainuüksi pingutuse kaudu ei saavuta me oma eesmärke. Lõppude lõpuks on otsustavaks teguriks arm.

Olgu tegemist püüdlusega jõuda Jumala mõistmiseni või maiste tahtmiste rahuldamisega, arm on faktor, mis eesmärgi täide viib.

Süütus on Jumalik jõud

Küsija: Kas süütu inimene võib olla nõrk?

Amma: Sõna "süütu" mõistetakse sageli valesti. Seda kasutatakse koguni apaatsete ja kartlike inimeste kirjeldamiseks. Teadmatuid ja kirjaoskamatuid inimesi peetakse sageli samuti süütuteks. Teadmatus pole süütus. Teadmatus on tõelise armastuse, eristamisvõime ja mõistmise puudumine, seevastu tõeline süütus on puhas armastus, milles on olemas eristusvõime ja mõistmine. See on *shakti* [jumalik energia]. Ka kartlikel inimestel on olemas ego. Tõeliselt süütu inimene on täiesti egota inimene; seetõttu on ta kõige võimsam inimene.

Amma ei saa teisiti

Amma (pühendunule darshani ajal): Millest sa mõtled?

Pühendunu: Ma mõtlesin, kuidas Sa küll suudad nii kaua tundide viisi järjest istuda täiesti rahulikuna ja kirkana.

Amma (naerdes): Tütar, kuidas sa küll suudad mõelda lakkamatult, hetkekski vahet pidamata?

Pühendunu: See lihtsalt on nii. Ma ei saa teisiti.

Amma: See ongi vastus: see lihtsalt on nii, Amma ei saa teisiti.

Nagu oma armsaima
äratundmine

◆ ◆

Üks mees küsis Amma käest pühendumuslikul teel kõndiva otsija armastaja-armastatu hoiaku kohta.

Amma: Armastus võib tabada sind ükskõik kus, ükskõik millal. See on nagu oma armastatu äratundmine rahvahulgas. Sa märkad teda seismas nurgas tuhandete teiste inimeste seas, aga sinu silmad näevad ainuüksi teda. Sa tunned ta ära, suhtled temaga ja armud, kas pole? Sa ei mõtle, sest mõtlemine peatub, ja äkitselt, mõneks hetkeks, oled sa südames. Sa oled armunud. Sarnaselt toimub see kõik sekundi murdosa jooksul. Sa oled otse seal, oma südame keskmes, mis on puhas armastus.

Küsija: Kui see on armastuse tegelik kese, siis mis paneb meid sellest punktist eemalduma või kõrvale kalduma?

Amma: Omastav suhtumine – teistega sõnadega, klammerdumine. See tapab selle puhta kogemuse ilu. Kui klammerdumine võtab võimust, kaldud sa õigelt teelt kõrvale ja armastusest saab meeleheide.

Teine olemise tunne

Küsija: Kas ma saavutan samadhi [valgustumise] sellel eluajal?

Amma: Miks mitte?

Küsija: Kui nii, siis mida ma peaksin tegema, et seda protsessi kiirendada?

Amma: Esiteks, unusta *samadhi* ning keskendu täielikult ja tugeva usuga oma *sadhana*le [vaimsetele praktikatele]. Tõeline *sadhak* [vaimne otsija] usub rohkem käesolevasse hetke kui tulevikku. Kui me pühendame kogu oma usu praegusele hetkele, on kogu meie energia samuti siin ja praegu. Tulemus on alistumine. Alistu käesolevale hetkele ja see juhtub.

Kõik toimub iseenesest, kui sa distantseerid end oma meelest. Kui see juhtub, siis sa püsid täielikult olevikus. Meel on see "teine" sinu sees. Just nimelt meel loob teine-olemise tunde.

Amma räägib sulle loo: Oli kord üks tunnustatud arhitekt. Tal oli palju õpilasi. Ühega neist oli arhitektil väga omapärane suhe. Ta ei läinud ühegi tööga enne edasi, kui oli saanud selle õpilase kinnituse. Kui õpilane andis mõnele joonisele või kavandile eitava hinnangu, loobus arhitekt sellest kohe. Arhitekt tegi ühe kavandi teise järele, kuni õpilane selle heaks kiitis. Arhitekt oli täielikult oma tudengi arvamusest sõltuv. Ta ei teinud mitte ühtegi sammu edasi enne, kui õpilane ütles: "Hästi, härra, selle kavandiga võite te edasi minna."

Ükskord kutsuti neid kujundama templi ust. Arhitekt alustas erinevate kavandite joonistamist. Nagu tavaliselt, näitas ta igaühte neist oma õpilasele. Õpilane ütles ei kõigele, mida arhitekt lõi. Too töötas päevad ja ööd, luues sadu uusi kavandeid. Aga õpilasele ei meeldinud ükski neist. Aeg hakkas otsa saama ja nad pidid õige pea tööga lõpule jõudma. Ühel hetkel saatis arhitekt õpilase sulepead tindiga täitma. Kulus tükk aega, enne kui õpilane tagasi jõudis. Vahepeal oli arhitekt süüvinud järjekordse kavandi joonistamisse. Just siis, kui tudeng sisse astus, sai arhitekt uue kavandi valmis ja näitas seda õpilasele, küsides: "Mis sa sellest arvad?"

"Jah, see on see!" ütles tudeng erutatult.

"Nüüd ma tean miks!" kostis arhitekt. "Senini olin ma sinu kohalolekus ja arvamuses kinni. Seetõttu ei saanud ma kunagi olla sada protsenti selle juures, mida ma teen. Nüüd, kui sa ära olid, olin ma vaba, lõdvestunud ja alistusin hetkele. Nii see juhtuski."

Tegelikult ei tekitanud mitte õpilase kohalolek takistust; see oli arhitekti klammerdumine tema arvamusse. Kui ta suutis end sellest distantseerida, oli ta otsekohe käesolevas hetkes ja tekkis puhas looming.

Arvates, et *samadhi* on midagi, mis juhtub tulevikus, istud sa sellest unistades. Sa pillad laiali hulga *shakti*t [jumalikku energiat], unistades *samadhi*st. Suuna see *shakti* õigesse kanalisse – kasuta seda käesolevale hetkele keskendumiseks – ning meditatsioon ja *samadhi* tulevad lihtsalt iseenesest. Eesmärk pole tulevikus; see on praeguses. Olla täielikult praeguses on *samadhi*, ja see on tõeline meditatsioon.

Kas Jumal on mees või naine?

Küsija: Amma, kas Jumal on mees või naine?

Amma: Jumal pole ei mees ega naine. Jumal on taolistest piiratud määratlustest kõrgemal. Jumal on "See" või "Too". Aga kui sa tingimata tahad määratleda Jumalat mehe või naisena, on naine parem, sest naine sisaldab meest.

Küsija: See vastus võib ärritada mehi, sest see tõstab naised kõrgemale pjedestaalile.

Amma: Ei mehi ega naisi peaks asetama kõrgemale pjedestaalile, sest Jumal on andnud kummalegi oma imetlusväärse koha. Mehed ja naised pole teineteisega võistlemiseks, vaid teineteise elu täiendamiseks.

Küsija: Mida Sa täiendamise all silmas pead?

183

Amma: See tähendab teineteise toetamist ja üheskoos täiuslikkuse poole kulgemist.

Küsija: Amma, kas Sa ei arva, et paljud mehed peavad end naistest kõrgemaks?

Amma: Nii "Mina olen kõrgem" kui ka "Mina olen madalam" tunne on mõlemad ego saadused. Kui mehed tunnevad: "Meie oleme naistest kõrgemal", näitab see ainult nende ülepaisutatud ego, mis on kahtlemata suur nõrkus ning lisaks ka hävitav. Sarnaselt, kui naised peavad ennast meestest alamaks, tähendab see lihtsalt: "Meie oleme praegu alamad, seevastu me tahame olla kõrgemad." Mida muud see on kui ego? Mõlemad on kohatud ja ebaterved hoiakud, mis suurendavad meeste ja naiste vahelist lõhet. Kui me ei ühenda seda kuristikku, suhtudes väärilise austuse ja armastusega nii meestesse kui naistesse, muutub inimkonna tulevik ainult tumedamaks.

Vaimsus loob tasakaalu

Küsija: Amma, kui Sa ütlesid, et Jumal on rohkem naine kui mees, ei mõelnud Sa välimust, ega?

Amma: Ei, asi pole väljanägemises. Oluline on sisemine arusaamine. Igas mehes peitub naine ja vastupidi. Mehes peituv naine – see tähendab, mehes peituv tõeline armastus ja kaastunne – peaks ärkama. See on hinduistliku jumala Ardhanarishvara (jumal, kelle parem pool on naissoost, vasak meessoost) sisuline tähendus. Kui naise naiselik aspekt on uinunud, pole ta ema ja ta on Jumalast kaugenenud. Aga kui naiselik aspekt on ärkvel mehes, on temas emalikkust ja ta on Jumalale lähemal. Seda saab samamoodi laiendada ka mehelikule aspektile. Kogu vaimsuse eesmärk on luua õige tasakaal meheliku ja naiseliku vahel. Seetõttu on teadvuse sisemine ärkamine tähtsam kui väline väljanägemine.

Armastus ja kiindumus

Keskealine mees selgitas Ammale, kui kurb ta on pärast lahutust.

Küsija: Amma, ma armastasin teda nii väga ja tegin kõik, mis ma sain, et teda õnnelikuks teha. Ja sellegipoolest juhtus minu elus selline tragöödia. Mõnikord olen täiesti meeleheitel. Palun aita mind. Mida ma pean tegema? Kuidas ma sellest valust üle saan?

Amma: Poeg, Amma mõistab su valu ja kannatust. Sellisest emotsionaalselt masendavast olukorrast on raske üle saada. Sellegipoolest on oluline oma kogemust õigesti mõista, eriti seetõttu, et sellest on saanud sinu elus komistuskivi.

Kõige olulisem asi sinu jaoks on mõtiskleda, kas see kurbus tuleb tõelisest armastusest või hoopis klammerdumisest. Tõelises armastuses puudub ennasthävitav valu, sest sa lihtsalt armastad teda, mitte ei oma teda. Võib-olla oled sa temasse liigselt klammerdunud või tunned liiga tugevat omastamisiha. Nimelt sellest tekivad kurbus ja masendavad mõtted.

Küsija: Kas sul on siis pakkuda mõni lihtne meetod või võte, et sellest ennasthävitavast valust üle saada?

Amma: "Kas ma tõepoolest armastan või ma olen liiga klammerdunud?" Uuri endas seda küsimust nii sügavalt kui suudad. Mõtiskle selle üle. Ja peagi sa mõistad, et see armastus, mida me teame, on tegelikult kiindumus. Enamik inimesi igatseb kiindumust, mitte tõelist armastust. Niisiis, Amma ütleks, et see on illusioon. Mõnes mõttes me petame end. Me ajame kiindumuse armastusega sassi. Armastus on kese ja kiindumus on perifeeria. Ole keskmes ja ütle end perifeeriast lahti. Siis kaob valu ära.

Küsija (süüdlasliku häälega): Sul on õigus. Ma mõistan, et mind valdav tunne endise abikaasa vastu on kiindumus, mitte armastus, nagu Sa selgitasid.

Amma: Kui sa oled mõistnud valu juureks olevat põhjust, siis lase sellel minna ja ole vaba. Haigus on diagnoositud, tõvestunud osa on leitud – nüüd eemalda see. Miks sa tahad seda ebavajalikku koormat kanda? Lihtsalt heida see minema.

Kuidas vältida elus ettetulevaid ohtusid?

Küsija: Amma, kuidas ma tunnen ära ohud, mis elus ette võivad tulla?

Amma: Tõstes oma eristusvõimet.

Küsija: Kas eristusvõime on sama mis meele peenus?

Amma: See on meele võime olla tähelepanelik käesolevas hetkes.

Küsija: Aga Amma, kuidas see hoiatab mind tuleviku ohtude eest?

Amma: Kui sa oled praeguses hetkes tähelepanelik, satud sa tulevikus vähem ohtlikesse olukordadesse. Sellegipoolest pole võimalik vältida ega ära hoida kõiki probleeme.

Küsija: Kas *jyotish* [veedalik astroloogia] aitab meil tulevikku paremini mõista ja seetõttu vältida võimalikke ohte?

Amma: Ka selle valdkonna meistritel tuleb elus ette raskeid aegu. On astrolooge, kel on väga kesine eristusvõime ja intuitsioon. Sellised inimesed ohustavad nii enda kui ka teiste elu. Inimesi ei juhi elu ohtudest kõrvale mitte astroloogiaalased teadmised või oma sünnikaardi lugemine. Hoopis sügavam arusaam elust ja eristusvõimeline lähenemine mitmesugustele olukordadele aitavad tegelikult tuua enam rahu ja vähem probleeme.

Küsija: Kas eristusvõime ja mõistmine on üks ja seesama?

Amma: Jah, need on üks ja seesama. Mida suurem on sinu eristusvõime, seda rohkem sa mõistad, ja vastupidi.

Mida suurem on sinu võime olla olevikus, seda tähelepanelikumaks sa muutud ja seda rohkem ilmutusi sa saad. Sa saad rohkem jumalikke sõnumeid. Iga hetk toob sulle taolisi sõnumeid. Kui sa oled avatud ja vastuvõtlik, siis oled võimeline neid tundma.

Küsija: Amma, Sa ütled, et sellised ilmutused aitavad meil ära tunda võimalikke eesseisvaid ohtusid?

Amma: Jah, sa saad sellistest ilmutustest vihjeid ja signaale.

Küsija: Mis laadi vihjeid ja signaale?

Amma: Kuidas sa tead, et sul hakkab tulema migreeni peavalu? Sa tunned end väga halvasti ja su silmade ette tekivad mustad rõngad, kas pole? Kui ilmnevad sümptomid, võtad sa vajalikku ravimit ja see aitab. Samamoodi ilmnevad teatavad märgid ka enne ebaõnnestumisi või ohte elus. Inimesed ei pane neid tavaliselt tähele. Ent kui sinu meel on selgem ja vastuvõtlikum, oled võimeline neid tundma ja astuma vajalikke samme, et neid ära hoida.

Amma on kuulnud sellist anekdooti. Üks ajakirjanik intervjuee-ris edukat ärimeest. Reporter küsis: "Härra, mis on teie edu saladus?"
Ärimees: "Kaks sõna."
Ajakirjanik: "Mis need on?"
Ärimees: "Õiged otsused."
Ärimees: "Kuidas te teete õigeid otsuseid?"
Ärimees: "Üks sõna."
Ajakirjanik: "Mis see on?"
Ärimees: "Kogemus."
Ajakirjanik: "Kuidas te saavutate taolise kogemuse?"
Ärimees: "Kaks sõna."
Ajakirjanik: "Mis need on?"
Ärimees: "Valed otsused."

Nii et näed, poeg, kõik sõltub sellest, kuidas sa olukordi vastu võtad, neid mõistad ja neile alistud.

Amma räägib sulle veel ühe loo. Kauravad külastasid Judhiš-thira kutsel Pandavate[3] kuningriigi pealinna Indraprasthat. See oli nii osavalt kujundatud, et mõni koht nägi välja nagu ilus järv, ehkki tegelikult oli tegemist ainult tavalise põrandaga. Samas oli seal ka selliseid kohti, mis nägid välja nagu tavalised põrandad, kuid mis olid tegelikkuses vett täis basseinid. Kogu ümbruses va-litses sürrealistlik atmosfäär. Kui sada venda kõige vanema Kaurava Durjodhana eestvedamisel läbi ilusa aia jalutasid, olid nad peaaegu valmis riided seljast võtma ja suplema minema, arvates, et nende ees on bassein. Paraku oli tegemist tavalise põrandaga, mis ainult näis olevat bassein. Ent õige pea kukkusid kõik vennad, Durjod-hana kaasa arvatud, tõelisse basseini, mis nägi välja nagu tavaline põrand, ja said läbimärjaks. Panchali, viie venna naine, pahvatas seda lõbusat pilti nähes naerma. Durjodhana ja tema vennad olid selle peale väga solvunud.

---

[3] Pandavad ja Kauravad olid kaks vastasleeri India eeposes „Mahabharata" kirjeldatud sõjas.

See oli üks võtmesündmusi, mis äratas Kaurava vendades suure viha ja kättemaksuhimu, mis hiljem viis Mahabharata sõjani ja suurte purustusteni.

See lugu on väga tähendusrikas. Ka tavaelus puutume kokku paljude olukordadega, mis tunduvad tõeliselt ohtlikud, ja seetõttu võtame nende suhtes tarvitusele mitmesuguseid ettevaatusabinõusid. Ent lõpuks võib välja tulla, et tegemist oli täiesti ohutu olukorraga. Ja on olukordi, mis tunduvad turvalised, ent võivad osutuda väga ohtlikuks. Mitte miski pole tähtsusetu. Seepärast ongi oluline, et meil oleks *shraddha*t [selget eristusvõimet, tähelepanu ja teadlikkust], seistes silmitsi mitmesuguste kogemustega, mis elu meile ette toob.

Ära kuhja Jumala rikkust

Küsija: Kas kogumine ja omamine on patt?

Amma: See ei ole patt senikaua, kuni sa oled kaastundlik. Teiste sõnadega, sul peab olema tahtmist jagada seda vaeste ja puudustkannatavatega.

Küsija: Aga vastasel juhul?

Amma: Vastasel juhul on see patt.

Küsija: Mispärast?

Amma: Sest kõik, mis siin on, on Jumala oma. Meie omandiõigus on ajutine; kõik tuleb ja läheb.

Küsija: Aga kas Jumal ei taha, et me kasutaksime kõike, mis Ta on meie jaoks loonud?

Amma: Seda küll, aga Jumal ei taha, et me kasutaksime neid asju valesti. Jumal tahab, et me kasutaksime ka oma eristusvõimet, kui naudime kõike, mis Ta on loonud.

Küsija: Mis on eristusvõime?

Amma: Eristusvõime on teadmiste kasutamine sellisel moel, et need ei eksitaks sind. Teiste sõnadega, eristusvõime on teadmiste kasutamine *dharma* ja *adharma* [õige ja vale], püsiva ja püsitu vahel vahetegemiseks.

Küsija: Kuidas me siis peaksime maailma asju eristusvõime järgi kasutama?

Amma: Loobu omanditundest – pea kõiki asju Jumala omaks ja naudi neid. See maailm on ajutine peatus. Sa oled siin lühikest aega külalisena. Oma teadmatuse tõttu jagad sa kõik, iga maatüki enda ja teiste omaks. Maatükk, mida sa pead enda omaks, on varem kuulunud paljudele teistele. Nüüd on eelmised omanikud sellele maetud. Täna on võib-olla sinu kord mängida omaniku rolli, aga pea meeles, et ükspäev kaod ka sina. Siis tuleb teine inimene ja astub sinu jälgedesse. Nii et kas on mõtet omandiõigust taotleda?

Küsija: Mis rolli ma pean selles suhtes täitma?

Amma: Ole Jumala teener. Jumal, kõige andja, tahab, et sa jagaksid Tema rikkusi kõigiga. Kui see on Jumala tahe, siis kes oled sina, et hoida seda endale? Kui sa Jumala tahtmise vastu keeldud seda jagamast, siis on see varanduse kuhjamine, mis on võrdne varastamisega. Ela siin maailmas lihtsalt külalise suhtumisega.

Ükskord tuli üks mees Mahatma juurde. Leidmata majas mingitki mööblit või kaunistust, küsis mees Suurelt Hingelt: "Huvitav, miks siin mingit mööblit ei ole?"

"Kes sa oled?" küsis Mahatma temalt.

"Ma olen külaline," vastas mees.

"Nii ka mina," vastas Mahatma. "Seepärast, miks ma peaksin arutult asju omandama?"

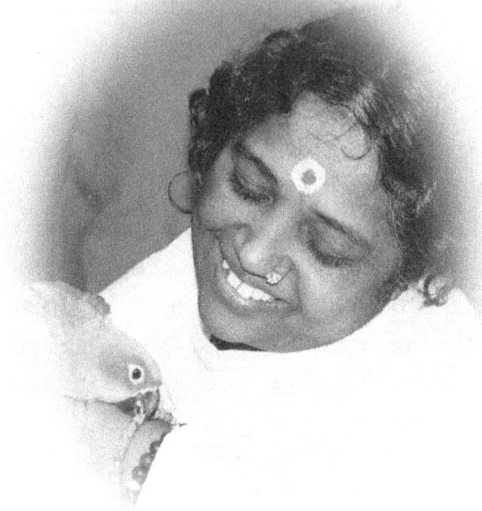

Amma ja loodus

Küsija: Milline on Sinu suhe Loodusega?

Amma: Amma side Loodusega ei ole suhe; see on täielik Üksolemine. See, kes armastab Jumalat, armastab ka Loodust, sest Jumal ja Loodus on lahutamatud. Kui sa saavutad valgustatuse seisundi, oled ühenduses kogu universumiga. Amma suhtes Loodusega ei ole armastajat ja armastatut – on ainult armastus. Tegemist pole kahe osapoolega, on ainult üks tervik; on ainult armastus.

Tavaliselt puudub suhetes tõeline armastus. Tavalises armastussuhtes on kaks – võib ka öelda, et kolm osalist – armastaja, armastatu ja armastus. Seevastu tõelises armastuses kaovad armastaja ja armastatu ning alles jääb puhta, tingimusteta armastuse katkematu kogemus.

Küsija: Mis on Loodus inimestele?

Amma: Loodus tähendab inimestele elu. Ta on meie elu lahutamatu osa. See on vastastikune sõltuvus, mis toimib igal hetkel ja igal tasandil. Me pole mitte ainult Loodusest täielikult sõltuvad, vaid meie mõjutame teda ja tema meid. Ja kui me tõeliselt armastame Loodust, vastab ta samaga ja avab meile oma lõputud ressursid. Ja täpselt nii, nagu oma armastuses teise inimese vastu, peaksime oma armastuses Looduse vastu olema lõpmatult ustavad, kannatlikud ja kaastundlikud.

Küsija: Kas see on vastastikusel andmisel-saamisel põhinev suhe või on see vastastikune toetamine?

Amma: See on mõlemat ja veelgi enamat. Sellegipoolest, Loodus eksisteerib edasi ka ilma inimesteta. Ta teab, kuidas enda eest hoolt kanda. Aga inimestel on oma olemasoluks vajalik Looduse toetus.

Küsija: Mis juhtub, kui Looduse ja inimeste vaheline andmine-saamine on täielik?

Amma: Ta lõpetab asjade peitmise meie eest. Avades oma looduslike rikkuste lõputu varamu, võimaldab ta meil seda nautida. Ta kaitseb ja toidab meid nagu ema.

Täiuslikus inimkonna ja Looduse vahelises suhtes luuakse ringikujuline energiaväli, milles mõlemad hakkavad voolama teineteisesse. Teiste sõnadega, kui meie, inimesed, armume Loodusesse, armub tema meisse.

Küsija: Mis paneb inimesed Loodusesse nii julmalt suhtuma? Kas see on isekus või mõistmise puudumine?

Amma: See on mõlemat. Tegelikult on see mõistmise puudumine, mis väljendub isekas tegutsemises.

Põhiliselt on see teadmatus. Teadmatuse tõttu arvavad inimesed, et Loodus on lihtsalt koht, kust nad saavad lõputult võtta ilma tagasi andmata. Enamik inimesi tunneb ainult ärakasutamise keelt. Oma äärmise isekuse tõttu on nad võimetud arvestama oma kaasolenditega. Tänapäeva maailmas pole meie suhe Loodusega midagi muud kui oma sisimas tajutava isekuse laiendus.

Küsija: Amma, mida Sa mõtled teistega arvestamise all?

Amma: Amma mõtleb selle all kaastundest lähtuvat teistega arvestamist. Selleks et arvestada teistega – Looduse või inimestega –, on esimese ja kõige tähtsama omadusena vaja arendada sügavat sisemist ühendust omaenda südametunnistusega. Südametunnistus tähendab tegelikult võimet näha teisi iseendana. Nii nagu sa näed oma kujutist peeglis, näed sa teisi nagu ennast. Sa peegeldad teisi, nende tundeid, nii õnne kui kurbust. Me peame arendama seda võimet oma suhetes Loodusega.

Küsija: Selle maa põliselanikud kummardasid Loodust ja neil oli temaga sügav side. Kas Sinu arvates peaksime meie samamoodi tegema?

Amma: See, mida igaüks peaks tegema, sõltub tema vaimsest meelelaadist. Sellegipoolest, Loodus on elu osa, terviku osa. Loodus on tõepoolest Jumal. Looduse austamine on sama mis Jumala austamine.

Avaldades austust Govardhana mäele, andis jumal Krišna ühe väärtusliku õppetunni: Looduse austamine tuleb teha meie igapäevaelu osaks. Ta soovitas oma inimestel austada Govardhana mäge, sest see kaitseb neid. Samamoodi lunastas jumal Rama kolm päeva tõsiselt oma patte enne silla ehitamist üle mere, et ookeani soosingut pälvida. Ka Mahatmad osutavad suurt austust ja hoolt Loodusele ning paluvad enne tegutsema hakkamist tema õnnistust. Indias on templeid lindudele, loomadele, puudele ning isegi sisalikele ja mürkmadudele. Sellega rõhutatakse inimeste ja Looduse vahelise sideme suurt tähendust.

Küsija: Amma, mis on Sinu nõuanne selleks, et taastada suhe inimeste ja Looduse vahel?

Amma: Olgem kaastundlikud ja hoolivad. Võtkem Loodusest ainult seda, mida me tõesti vajame, ja püüdkem seejärel mingil määral tagasi anda. Sest ainult andes me saame. Õnnistus on see, mis tuleb meile tagasi vastusena selle eest, kuidas me millessegi suhtume. Kui me suhtume Loodusesse armastusega, pidades teda eluks, Jumalaks, meie enda elu osaks, siis ta teenib meid parima sõbrana, keda me saame alati usaldada, sõbrana, kes meid iialgi ei reeda. Aga kui meie suhtumine Loodusesse on vale, siis selle asemel et vastata õnnistusega, on tulemuseks Looduse negatiivne reaktsioon. Loodus pöördub inimkonna vastu, kui me pole oma suhetes temaga ettevaatlikud, ja tagajärjed võivad olla katastroofilised.

Palju Jumala kaunist loomingust on juba kaotsi läinud inimeste vale käitumise ja täieliku hoolimatuse tõttu Looduse suhtes. Kui me selliselt edasi käitume, sillutab see teed ainult katastroofile.

Sannyasa – inimeksistentsi tipp

Küsija: Mis on sannyasa? [Loobumuslikkus]

Amma: *Sannyasa* on inimeksistentsi tipp. See on inimsünni eesmärgi täitumine.

Küsija: Kas *sannyasa* on meeleseisund või on see midagi muud?

Amma: *Sannyasa* on nii meeleseisund kui meele puudumise seisund.

Küsija: Amma, kuidas sa selgitad seda seisundit... või mis iganes see on?

Amma: Kui isegi ilmalikke kogemusi on raske selgitada, siis kuidas selgitada *sannyasa* seisundit, kõrgeimat kogemuse vormi? See on seisund, milles on täielik sisemine valikuvabadus.

Küsija: Amma, ma tean, et ma küsin liiga palju, aga mida Sa mõtled sisemise valikuvabaduse all?

Amma: Inimesed on oma mõtete orjad. Meel pole midagi muud kui lakkamatu mõtetevool. Nende mõtete tekitatud surve teeb su väliste olude abituks ohvriks. Inimeses on lugematu hulk mõtteid ja emotsioone, nii peeni kui jämedaid. Võimetuna sügavamalt uurima ning tegema vahet hea ja halva, loova ja hävitava vahel, langeb enamik inimesi kahjulike impulsside kergeks ohvriks ning samastub negatiivsete emotsioonidega. Ülimas *sannyasa* seisundis on võimalik valida, kas samastuda iga konkreetse emotsiooni või mõttega või jääda neist sõltumatuks. Sul on valik teha iga mõtte, emotsiooni või ettetuleva olukorraga koostööd või mitte. Isegi kui sa valid samastumise, on sul võimalus tagasi tõmbuda ja edasi liikuda, mil iganes sa tahad. See on tõepoolest täielik vabadus.

Küsija: Mis on ookerkollase riide tähendus, mida *sannyasin*id kannavad?

Amma: See näitab sisemist saavutust või eesmärki, mida sa soovid saavutada. See tähendab veel seda, et sa ei ole enam huvitatud maistest saavutustest – avalik tunnismärk, et sa oled pühendanud oma elu Jumalale ja Eneseteostusele. See tähendab, et Sinu keha ja meel on *vairagya* [mitteklammerdumise] tules hävinud ning et sa ei kuulu enam ühtegi konkreetsesse rahvusesse, kasti, usutunnistusse, sekti või religiooni. Siiski ei seisne *sannyasa* ainult värviliste riiete kandmises.

Riie on ainult sümbol, näidates olemisseisundit – ületavat seisundit. *Sannyasa* on sisemine muutus sinu ellusuhtumises ja selles, kuidas sa maailma tajud. Sa vabaned täielikult egost. Nüüd ei kuulu sa enam iseendale, vaid maailmale, ja sinu elust on saanud ohverdus inimkonna teenimiseks. Selles seisundis sa ei oota ega nõua mitte kunagi mitte kelleltki midagi. Tõelises *sannyasa* seisundis oled sa rohkem kohalolek kui isiksus.

Tseremoonia ajal, kui õpilane saab Meistrilt *sannyasini* pühitsuse, lõikab õpilane oma kuklast väikese juuksesalgu. Õpilane annetab seejärel nii oma juuksesalgu kui püha paela[4] ohverdustulle. See sümboliseerib loobumist igasugusest kiindumisest kehasse, meelesse ja mõistusesse ning kõigisse senistesse ja tulevastesse naudingutesse.

*Sannyasin*id kas kasvatavad oma juuksed pikaks või ajavad pea täiesti kiilaks. Vanasti kasvatasid *sannyasin*id oma juuksed vanutatud lokkideks. See näitab kiindumatust kehasse. Sa ei ole enam huvitatud keha kaunistamisest, sest tõeline ilu peitub Atmani tundmises.

---

[4] Kolmest paelast koosnevat *yajnopavitam*i kantakse ümber keha, et tähistada kohustusi perekonna, ühiskonna ja Guru ees.

Keha muutub, kaob. Mis mõtet on sellesse asjatult klammerduda, kui sinu tõeline olemus on muutumatu ja surematu Mina? Kõigi murede ja kannatuste põhjus on klammerdumine mööduvasse. *Sannyasin* on inimene, kes on sellest suurest tõest aru saanud – välismaailma mööduvast olemusest ja teadvuse muutumatust olemusest, mis annab ilu ja sarmi kõigele.

Tõeline *sannyasa* ei ole midagi sellist, mida on võimalik anda, pigem on see mõistmine.

Küsija: Kas see tähendab, et see on saavutus?

Amma: Sa küsid jälle sama küsimust. *Sannyasa* on kõigi ettevalmistuste ehk *sadhana* [vaimsete praktikate] haripunkt.

Vaata, saavutada on võimalik ainult midagi sellist, mis pole meie oma, midagi, mis pole osa meist. *Sannyasa* seisund on meie eksistentsi tuum, see, mis me tegelikult oleme. Kuni sa selle mõistmiseni jõuad, võid seda nimetada saavutuseks, aga kui tärkab tõeline teadmine, siis sa mõistad, et see on sinu tõeline olemus ja et sa polnud kunagi sellest lahus – et see polekski üldse võimalik.

See võime teada, mis me tõeliselt oleme, peitub igaühes. Me oleme unustusseisundis. Keegi peaks meile seda lõputut sisemist jõudu meelde tuletama.

Võtame näiteks inimese, kes teenib oma elatist tänaval kerjates. Ühel päeval tuleb tema juurde võõras ja ütleb: "Kuule, mida sa siin teed? Sa pole ei kerjus ega hulkur. Sa oled multimiljonär."

Kerjus ei usu võõrast ja kõnnib minema, teda täielikult ignoreerides. Aga võõras on armastavalt järjekindel. Nii ta järgneb kerjusele ja ütleb: "Usu mind. Ma olen su sõber ja ma tahan sind aidata. Ma räägin sulle tõtt. Sa oled tegelikult tõepoolest rikas mees ja sinu varandus on tegelikult otse sinu käeulatuses."

Nüüd tärkab kerjuse uudishimu, nii et ta küsib: "Minu käeulatuses? Kuskohas?"

"Täpselt selles hurtsikus, milles sa elad," vastab võõras. "Ainult natuke kaevamist ja see saab igavesti sinu omaks."

Nüüd ei taha kerjus hetkegi aega viita. Ta läheb otsekohe koju ja kaevab varanduse välja.

Võõras kehastab Tõelist Meistrit, kes annab meile õige informatsiooni ning veenab, sisendab ja innustab meid kaevama välja hindamatu varanduse, mis peitub varjatuna meie sees. Me oleme unustusseisundis. Guru aitab meil jõuda teadmiseni, kes me tegelikult oleme.

On ainult üks Dharma

Küsija: Kas dharmasid on palju?

Amma: Ei, on ainult üks dharma.

Küsija: Aga inimesed räägivad erinevatest dharmadest.

Amma: See on nii seetõttu, et nad ei näe ühte reaalsust. Nad näevad ainult mitut, erinevaid nimesid ja vorme.

Sellegipoolest võib öelda, et sõltuvalt igaühe *vasana*test [kalduvustest] on rohkem kui üks dharma. Näiteks võib muusik öelda, et muusika on tema dharma. Samamoodi võib ärimees öelda, et äriajamine on tema dharma. Ja see on hästi. Ometi pole võimalik leida täielikku rahulolu ühestki neist. Absoluutse rahulduse ja rahulolu annab ainult tõeline dharma. Ükskõik mida keegi ka ei tee, ent kui puudub rahulolu iseendaga, lipsab rahu käest ja tunne, et midagi on puudu, püsib. Mitte miski, mitte ükski maine saavutus ei täida seda tühikut inimese elus. Igaüks peab leidma oma keskme enda sees, et see rahulolutunne saaks tekkida. See on tõeline dharma. Sinnamaani käid sa muudkui ringiratast, otsides rahu ja rõõmu.

Küsija: Kui järgitakse dharmat eksimatult, kas see toob nii materiaalset rikkust kui ka vaimset kasvu?

Amma: Jah, kui järgitakse dharmat selle tõelises tähenduses, aitab see kindlasti saavutada mõlemat.

Deemon-kuningas Ravanal oli kaks venda, Kumbhakarna ja Vibhishana. Kui Ravana röövis Sita, jumal Rama püha kaasa, hoiatasid mõlemad vennad korduvalt Ravanat katastroofiliste tagajärgede eest, mida see võib kaasa tuua, ja soovitasid tal viia Sita

Rama juurde tagasi. Ta ignoreeris täielikult kõiki nende palveid ja lõpuks kuulutas sõja Rama vastu. Ehkki Kumbhakarna oli teadlik oma vanema venna ebaõigest suhtumisest, andis ta lõpuks Ravanale järele oma kiindumise tõttu temasse ja oma armastuse tõttu deemonite soo vastu.

Vibhishana oli aga väga vaga ja pühendunud hing. Ta ei olnud võimeline aktsepteerima oma venna *adharma*list [ebaõiget] käitumisviisi ja väljendas oma muret edasi, püüdes muuta oma venna hoiakut. Ent Ravana ei arvestanud, ei kaalunud ega isegi kuulanud tema seisukohti. Lõpuks sai äärmiselt egoistlik Ravana oma noorema venna peale nii vihaseks, et saatis tolle tema järjekindluse pärast maalt välja. Vibhishana otsis varjupaika Rama jalge ees. Järgnenud sõjas said Ravana ja Kumbhakarna surma ning Sita saadi tagasi. Enne Ayodhyasse – Rama kodumaale – tagasiminekut kroonis Rama Vibhishana Lanka kuningaks.

Kõigist kolmest vennast oli Vibhishana ainus, kes suutis luua tasakaalu oma maiste ja vaimsete dharmade vahel. Kuidas ta seda suutis? See tulenes sellest, et ta säilitas vaimset meelelaadi isegi oma maiste kohustuste täitmisel, mitte vastupidi. Taoline maiste kohustuste lahendamine viib ülima rahuloluni. Seevastu kaks teist venda, Ravana ja Kumbhakarna, lähtusid maisest hoiakust isegi oma vaimset dharmat täites.

Vibhishana hoiak oli isetu. Ta ei palunud Ramal teda kuningaks nimetada. Ta tahtis ainult kindlalt dharmast lähtuda. Aga see kõigutamatu tõotus ja otsustavus tõid talle kõik õnnistused. Ta saavutas nii materiaalse kui vaimse külluse.

Küsija: Amma, see oli ilus. Siiski ei ihalda tõelised vaimsed otsijad materiaalset rikkust, ega ju?

Amma: Ei, siira otsija üks ja ainus dharma on valgustumine. Ta ei rahuldu millegi vähemaga kui see kogemus. Kõik muu on taolise inimese jaoks mittemateriaalne.

Küsija: Amma, mul on veel üks küsimus. Kas sinu arvates on Ravanasid ja Kumbhakarnasid ka tänapäeva maailmas? Kui jah, siis kas Vibhishanatel on lihtne tänapäeva maailmas ellu jääda?

Amma (naerdes): Igaühes on Ravana ja Kumbhakarna. Vahe on ainult määras. Muidugi on olemas ka selliseid inimesi, kellel on äärmuslikud deemonlikud kalduvused nagu Ravanal ja Kumbhakarnal. Tegelikult, kõik kaosed ja konfliktid, mis tänapäeva maailmas esinevad, pole mitte midagi muud kui taoliste meelte kogusumma. Sellegipoolest jäävad tõelised Vibhishanad ellu, sest nad otsivad varjupaika Rama või Jumala juurest, kes neid kaitseb.

Küsija: Ehkki ma ütlesin, et see on minu viimane küsimus, on mul tegelikult üks veel, kui Amma lubab.

Amma (inglise keeles): Okay, ask. (Olgu peale, küsi.)

Küsija: Mida Sa isiklikult arvad nendest tänapäeva Ravanadest?

Amma: Nemad on samuti Amma lapsed.

Ühistegevus kui dharma

"Käesoleval kaliyuga ajastul [materialismi pimedal ajastul] on inimeste üldine suundumus kõikjal maailmas liikuda üksteisest eemale. Nad elavad isoleeritult nagu saared, ilma mingi sisemise ühenduseta. See on ohtlik ja ainult kasvatab pimedust meie ümber. Armastus, olgu ta inimeste vahel või inimeste ja looduse vahel, on see, mis loob sideme, ühenduse. Ühistegevus on tänapäeva maailma jõud. Niisiis peaks seda pidama käesoleva ajastu üheks valdavaks dharmaks [kohustuseks, seadmuseks]."

Pühendumine ja teadlikkus

Küsija: Kas on mingit seost teadlikkuse ja pühendumise vahel?

Amma: Puhas pühendumine on tingimusteta armastus. Tingimusteta armastus on alistumine. Täielik enese alistamine tähendab olla täielikult avatud ehk avarduv. See avatus ehk avardumine on teadlikkus. Nimelt see on Jumalikkus.

Aidates pühendunu suletud südamel avaneda

Küsija: Amma, Sa räägid oma pühendunutele ja õpilastele, et isikliku Guru olemasolu on vägagi vajalik, et jõuda Jumalani, kuid Sina pidasid kogu loodut oma Guruks. Kas sa ei arva, et teistel on samuti see valik?

Amma: Loomulikult on. Kuid vaimsel teel valikud üldiselt ei tööta.

Küsija: Aga see ju töötas Sinu puhul?

Amma: Amma puhul see polnud valik. Pigem oli see lihtsalt spontaanne.

Vaata, poeg, Amma ei taha midagi kellelegi peale sundida. Nende jaoks, kel on vankumatu usk näha iga olukorda, nii negatiivset kui positiivset, Jumala sõnumina, pole välist Guru vaja. Aga kui paljudel inimestel on selline otsustavus ja tugevus?

Teekond Jumala juurde pole midagi sellist, mida saab kellelegi peale sundida. See ei toimi. Vastupidi, sundimine võib isegi kogu protsessi ära rikkuda. Sellel teekonnal peab Guru olema õpilasega tohutult kannatlik. Just nagu pung avaneb ilusaks lõhnavaks lilleks, aitab Guru õpilase suletud südamel täielikult avaneda.

Õpilased on teadmatuses ja Guru on virgunud. Õpilastel pole mingit aimu Gurust ja sellest tasandist, mille pinnalt tema toimib. Oma teadmatuse tõttu võivad õpilased aeg-ajalt muutuda äärmiselt kannatamatuks. Ülikriitilisena võivad nad leida koguni Gurus vigu. Taolistes olukordades võivad ainult Täiusliku Õpetaja tingimusteta armastus ja kaastunne õpilast tõeliselt aidata.

Tänulikkuse tähendus

Küsija: Mida tähendab tänulikkus Meistri või Jumala vastu?

Amma: See on alandlik, avatud ja palvemeelne suhtumine, mis aitab sul vastu võtta Jumala armu. Tõelisel Meistril pole midagi saavutada ega kaotada. Meister viibib ülima kiindumatuse seisundis, mistõttu teda ei kõiguta see, kas sa oled tänulik või mitte. Sellegipoolest, tänulik suhtumine aitab sul olla vastuvõtlik Jumala armule. Tänulikkus on sisemine hoiak. Ole tänulik Jumalale, sest see on parim viis tulla välja piiratud maailmast, mille on loonud keha ja meel, ning siseneda avarduvasse sisemaailma.

Jõud keha taga

Küsija: Kas iga hing on erinev ja omab eraldi individuaalset eksistentsi?

Amma: Kas elekter on erinev, ehkki see avaldub erinevalt ventilaatorites, külmkappides, televiisorites ja teistes seadmetes?

Küsija: Ei, aga kas hingedel on eraldi eksistents pärast surma?

Amma: Sõltuvalt oma karmast [minevikutegude tagajärgede kogumist] ja kogutud *vasana*test [kalduvustest] on neil näiliselt eraldi eksistents.

Küsija: Kas ka selles seisundis on meie individuaalsetel hingedel soovid?

Amma: Jah, aga nad ei saa neid rahuldada. Nii nagu täielikult halvatud inimene pole võimeline püsti tõusma ja võtma asju, nii nagu ta sooviks, ei saa taolised hinged rahuldada oma soove, kuna neil ei ole keha.

Küsija: Kui kaua nad sellises seisundis on?

Amma: See sõltub nende *prarabdha karma* [hetkel väljenduvate mineviku tegude tulemuste] intensiivsusest.

Küsija: Mis juhtub, kui see on ammendatud?

Amma: Nad sünnivad uuesti ja see tsükkel jätkub seni, kuni nad mõistavad, kes nad tegelikult on.

Samastumise tõttu oma keha ja meelega me arvame: "Mina olen tegija, mina olen mõtleja", ja nii edasi. Tegelikult ei saaks ilma Atmani [Mina] olemasoluta toimida ei keha ega meel. Kas ükski masin saab töötada ilma elektrita? Kas see pole mitte elektri jõud, mis liigutab kõike? Ilma selle jõuta pole isegi hiiglaslik masin midagi muud kui suur hunnik rauda või terast. Samamoodi, ükskõik mis või kes me ka oleme, võimaldab ainult Atmani olemasolu meil kõike teha. Ilma selleta oleme vaid elutu mateeria. Atmani unustamine ja ainult keha kummardamine on sama, mis jätta kõrvale elekter ja armuda tööriista.

Kaks elutähtsat kogemust

Küsija: Kas Täiuslikud Õpetajad valivad ise oma sünni ja surma aja ja asjaolud?

Amma: Ainult täiuslikul olendil on täielik kontroll nende olukordade üle. Kõik teised on nende kahe elutähtsa kogemuse juures täiesti abitud. Keegi ei küsi, kuhu sa soovid sündida või kes ja mis sa soovid olla. Sarnaselt ei saa sa mingit sõnumit küsimusega, kas sa oled valmis surema.

Nii inimene, kes kurtis pidevalt oma ühetoalise korteri üle, kui ka inimene, kes nautis oma mõisa luksust, lamavad vaikselt ja rahulolevalt kitsukeses kirstus, kui Atman [Mina] on lahkunud. Inimesel, kes ei suutnud sekunditki elada ilma õhukonditsioneerita, pole absoluutselt mingit probleemi, kui tema keha neelavad matusetuleriida leegid. Miks? Sest nüüd on see pelk liikumatu objekt.

Küsimus: Surm on hirmutav kogemus, kas pole?

Amma: See on hirmutav kogemus neile, kes elavad oma elu, olles täiesti samastunud egoga, mõtlemata tõelusele, mis on keha ja meele taga.

Teistega arvestamine

◊ ◊

Üks pühendunu soovis saada lihtsat, kergestimõistetavat ja lühikest vaimsuse selgitust.

Amma ütles: "Vaimsus on kaastundlik teistega arvestamine."

"Fantastiline," kostis mees ja tõusis püsti, et lahkuda. Amma haaras ootamatult ta käest kinni ja ütles: "Istu maha."

Mees kuuletus. Emmates ühe käega pühendunut, kes sai parasjagu darshanit, kallutas Amma end tema poole ja küsis temalt vaikselt inglise keeles: "Story?" (Lugu?)

Mees oli veidi segaduses. "Amma, kas Sa tahad, et mina räägiksin loo?"

Amma naeris ja vastas: "Ei, kas sa soovid üht lugu kuulda?"

Elevil mees vastas: "Kahtlemata soovin kuulda Sinu lugu. See on mulle suur õnnistus."

Amma hakkas lugu jutustama:

"Ühel päeval, kui üks mees magas pärani suuga, lendas kärbes talle suhu. Sellest ajast alates tundis mees kogu aeg, et kärbes elab tema sees.

Mida enam tema ettekujutus kärbsest jõudu juurde sai, seda rohkem hakkas vaene mees muretsema. Varsti kulmineerus tema mure tugeva kannatuse ja masendusega. Ta ei suutnud süüa ega magada. Ta ei tundnud elust mitte mingit rõõmu. Tema mõtted olid kogu aeg kärbsel. Teda võis alati näha ajamas kärbest ühest kehaosast teise.

Ta käis arstide, psühholoogide, psühhiaatrite ja mitmesuguste teiste asjatundjate juures, et nad aitaksid tal kärbsest lahti saada. Kõik ütlesid: "Sinuga on kõik korras. Sinu sees ei ole kärbest. Isegi kui kärbes lendaski sinu sisse, on see juba ammuilma surnud. Jäta muretsemine; sinuga on kõik korras."

Ent mees ei uskunud neist ühtegi ja kannatas edasi. Ühel päeval viis üks hea sõber ta Mahatma juurde. Kuulanud tema kärbselugu väga tähelepanelikult, uuris Mahatma meest ja lausus: "Sul on õigus. Sinu sees on tõepoolest kärbes. Ma näen teda ringi liikumas." Vaadates edasi tema pärani suhu, ütles Meister: „Oh sa taevas! Vaat kus lugu! See on kuude jooksul suuremaks kasvanud."

Niipea kui Mahatma need sõnad kuuldavale tõi, pöördus mees oma sõbra ja naise poole ning ütles: „Näete nüüd, need lollid ei teadnud midagi. See mees siin mõistab mind. Ta nägi silmapilkselt kärbse ära."

Mahatma ütles: „Ära liiguta ennast. Isegi kõige väiksem liigutus võib asjade käiku segada." Siis kattis ta mehe pealaest jalatallani paksu tekiga. „See aitab protsessi kiirendada. Mul on vaja teha kogu keha ja isegi selle sisemus nii pimedaks, et kärbes ei näeks midagi. Niisiis, hoia silmad kinni."

Mehel oli juba tekkinud tugev usk Mahatmasse, nii et ta oli kõhklematult nõus tegema kõike, mida Mahatma ütles.

"Nüüd lõdvestu ja ole liikumatult." Seda öeldes läks Mahatma teise ruumi, et püüda elusana kinni üks kärbes. Lõpuks see tal ka õnnestus ja ta tuli tagasi, kärbes pudelis.

Ta hakkas oma käsi tasakesi patsiendi kehal liigutama. Samal ajal andis Mahatma kärbse liikumise kohta sellgitusi. Ta ütles: „Olgu, nüüd ära liiguta, kärbes istub praegu sinu kõhus... Enne kui ma midagi teha jõudsin, tõusis ta lendu ja istus sinu kopsude ülaossa. Sain ta peaaegu kätte... Oh ei, ta põgenes jälle! ... Oh sa mait, kui kärme ta on! ... Nüüd on ta jälle kõhus... Hea küll, nüüd ma lausun ühe mantra, mis muudab kärbse liikumatuks."

Siis teeskles ta, nagu püüaks kärbse kinni ja võtaks selle mehe kõhust välja. Mõne sekundi pärast palus Mahatma mehel silmad avada ja võtta tekk ära. Seejärel näitas Mahatma mehele kärbest, kelle ta oli ennist kinni püüdnud ja pudelisse pannud.

Mees oli üliõnnelik. Ta hakkas tantsima. Ta ütles oma abi-kaasale: „Ma olen sulle sada korda öelnud, et mul oli õigus ja need psühholoogid olid lollid. Ma lähen otsekohe nende juurde. Ma tahan kogu oma raha tagasi!"

Tegelikult polnud seal mingit kärbest. Vahe oli ainult selles, et Mahatma arvestas mehega; teised mitte. Nad ütlesid talle tõde, aga nad ei aidanud teda. Seevastu Mahatma toetas teda, tundis talle kaasa, mõistis teda ja näitas üles tõelist kaastunnet. See aitas mehel oma nõrkusest üle saada.

Tal oli mehest, tema kannatusest ja meeleseisundist sügavam arusaam, nii et ta laskus tema tasandile. Seevastu teised jäid oma mõistmise tasandile ega arvestanud patsiendiga."

Amma pidas vahet ja jätkas siis: "Poeg, selles seisnebki kogu vaimse mõistmise protsess. Meister peab õpilase teadmatuse kärbest – ego – tõeseks. Arvestades õpilase ja tema teadmatusega, saavutab Meister õpilase täieliku koostöövalmiduse. Ilma õpilase koostööta ei saa Meister midagi teha. Ent tõeliselt teadmishimulisel õpilasel pole mingit probleemi, et teha koostööd Tõelise Meistriga, kuna Meister arvestab täielikult õpilasega ja tema nõrkustega, enne kui aitab tal virguda tõelusele. Tõelise Meistri tegelik töö on aidata õpilasel saada meistriks kõigis olukordades.

Armastuse üsk

Küsija: Lugesin hiljaaegu raamatust, et meil kõigil on vaimne üsk. Kas taoline asi on tõesti olemas?

Amma: See saab olla ainult piltlik näide. Sellist silmaga nähtavat organit, mida võiks nimetada vaimseks üsaks, pole olemas. Võib-olla tähendab see vastuvõtlikkust, mida peaksime arendama, et tunda ja kogeda armastust enda sees. Jumal on kinkinud igale naisele üsa, kus ta saab last kanda, hellitada, toita ja lõpuks sünnitada. Sarnaselt peaksime enda sees tegema piisavalt ruumi armastusele, et ta saaks areneda ja kasvada. Meie meditatsioonid, palved ja mantrad toidavad ja kasvatavad seda armastust, aidates lõpuks armastuse lapsel kasvada ja laieneda üle igasuguste piirangute. Puhas armastus on *shakti* [energia] oma kõige ehedamas vormis.

Kas vaimsed inimesed on erilised?

Küsija: Amma, kas Sinu arvates on vaimsus ja vaimsed inimesed erilised?

Amma: Ei ole.

Küsija: Kuidas nii?

Amma: Vaimsus seisneb täiesti normaalse elu elamises, mis on kooskõlas meie Sisemise Minaga. Niisiis, selles pole mitte midagi erilist.

Küsija: Kas Sa tahad öelda, et ainult vaimse meelestatusega inimesed elavad normaalset elu?

Amma: Kas Amma ütles seda?

Küsija: Mitte otseselt, aga Sinu väide annab seda mõista, kas pole?

Amma: See on sinu tõlgendus Amma sõnadest.

Küsija: Olgu peale, aga mida Sa arvad enamikust inimestest, kes maailmas elavad?

Amma: Mitte enamikust, kas me ei ela kõik maailmas?

Küsija: Amma, palun...

Amma: Senikaua, kuni me elame maailmas, oleme kõik maised inimesed. Ent vaimseks teeb su sinu suhtumine ellu ja kogemustesse maailmas elades. Vaata, poeg, kõik arvavad, et nad elavad normaalset elu. Sellest, kas nad elavad normaalset elu või mitte, peaks iga inimene aru saama põhjaliku sisevaatlusega. Peaksime teadma, et vaimsus pole midagi ebatavalist või erakordset. Vaimsus ei tähenda mitte millekski eriliseks, vaid alandlikuks saamist. On väga oluline mõista, et sünd inimesena on iseenesest väga eriline.

Lihtsalt ajutine peatus

Küsija: Amma, miks on vaimses elus nii oluline mitteklammerdumine?

Amma: Mitte ainult vaimsed õpilased, vaid kõik, kes soovivad suurendada oma võimeid ja meelerahu, peavad praktiseerima mitteklammerdumist. Olla mitteklammerdunud, tähendab olla kõigi elukogemuste *sakshi* [tunnistaja].

Klammerdumine koormab meelt, mitteklammerdumine vabastab meele koormast. Mida koormatum on meel, seda rohkem pinges see on ja seda rohkem ta soovib koormast vabaneda. Tänapäeva maailmas koormavad inimeste meeli üha rohkem ja rohkem negatiivsed mõtted. See äratab loomupäraselt tugeva tungi, siira vajaduse mitteklammerdumiseks.

Küsija: Amma, ma soovin tõesti praktiseerida mitteklammerdumist, kuid minu veendumus lööb alati kõikuma.

Amma: Veendumus tuleb ainult teadlikkusega. Mida suurem on sinu teadlikkus, seda veendunum sa oled. Poeg, võta maailma kui ajutist peatust, lihtsalt natuke pikemat peatust. Me kõik rändame, ja see on järjekordne koht, mida külastame. Nii nagu bussi- või rongireisil kohtume paljude kaasreisijatega, kellega me võime rääkida ning jagada oma mõtteid elust ja maailma asjadest. Mõne aja pärast võib meis tekkida koguni kiindumus meie kõrval istuva inimese vastu. Sellegipoolest peab iga reisija oma sihtpunkti jõudes väljuma. Seetõttu, niipea kui sa kohtud inimesega või sead end kusagil sisse, säilita teadlikkus, et ühel päeval pead sa lahkuma. Kui selle teadlikkusega käib kaasas positiivne suhtumine, on see sulle kindlasti teejuhiks kõigis elus ettetulevates olukordades.

Küsija: Amma, kas Sa ütled, et mitteklammerdumist peaks praktiseerima maailmas elamise ajal?

Amma (naeratades): Kus mujal sa saaksid õppida mitteklammerdumist kui mitte maailmas elades? Pärast surma? Tegelikult aitab mitteklammerdumise harjutamine saada üle surmahirmust. See tagab täiesti valutu ja õndsa surma.

Küsija: Kuidas on see võimalik?

Amma: Kui sa oled mitteklammerdunud, jääd sa *sakshi*ks (vaatlejaks) isegi surmakogemuse ajal. Mitteklammerdumine on õige suhtumine. See on õige tajumine. Kui me filmi vaadates samastume tegelastega ning püüame hiljem neid oma elus jäljendada, siis kas see on hea või halb? Vaata filmi teadlikkusega, et see on ainult film; siis sa tõesti naudid seda. Tõeline tee rahuni on vaimne mõtlemine ja vaimne eluviis.

Sa ei suple jões igavesti; sa suped selleks, et tulla välja värske ja puhtana. Sarnaselt, kui sa soovid elada vaimset elu, siis suhtu oma maisesse ellu kui oma *vasana*te [kalduvuste] ammendamise võimalusse. Teisisõnu, pea meeles, et sa elad pereelu mitte selleks, et sellesse ülepea sukelduda, vaid selleks, et seda ja teisi sellega seotud *vasana*id ammendada ja saada vabaks tegude köidikutest ehk karmast. Sinu eesmärk peaks olema negatiivsete *vasana*te läbikulutamine, mitte nende kogumine.

Mida meel kuuleb

K üsija: Amma, kuidas Sa defineerid meelt?

Amma: See on instrument, mis mitte kunagi ei kuule seda, mida öeldakse, vaid seda, mida ta tahab kuulda. Sulle öeldakse ühte asja, aga meel kuuleb midagi muud. Seejärel viib ta kuuldu kallal läbi operatsiooni, lõigates, toimetades ja kleepides seda. Selle käigus eemaldab meel originaalist osa asju ja lisab teatavaid teisi asju, tõlgendades ja lihvides seda senikaua, kuni see lõpuks sulle sobib. Siis sa veenad ennast, et just nimelt seda sulle öeldigi.

On üks väike poiss, kes käib koos oma vanematega ashramis. Ühel päeval rääkis tema ema Ammale nende kodus aset leidnud huvitavast juhtumist. Ema rääkis pojale, et too suhtuks oma õpingutesse natuke tõsisemalt, sest eksamid on peagi lähenemas. Poisi eelistused olid teised. Tema tahtis sporti teha ja filme vaadata. Järgnenud vaidluse käigus ütles poeg lõpuks emale: "Ema, kas sa pole kuulnud, kuidas Amma oma kõnedes rõhutab, et peab elama käesolevas hetkes? Taeva pärast, ma ei saa aru, mispärast sa nii hirmsasti muretsed eksamite pärast, mis alles tulevad, kui mul on praegusel hetkel muudki teha." See oli see, mida tema kuulis.

Armastus ja kartmatus

Et näite varal illustreerida, kuidas armastus võtab ära igasuguse hirmu, rääkis Amma järgmise loo.

Amma: Ammu aega tagasi valitses üht India väikeriiki kuningas, kes elas mäe otsas kindluses. Iga päev tuli üks naine kindlusesse piima müüma. Ta saabus umbes kuue ajal hommikul ja lahkus kindlusest enne kella kuut õhtul. Täpselt kell kuus õhtul sulgusid suured kindluseväravad ja pärast seda ei saanud keegi kindlusesse siseneda ega sealt väljuda, enne kui väravad hommikul taas avanesid.

Igal hommikul, kui valvurid suuri raudväravaid avasid, seisis seal naine, kandes pealael piimanõu.

Ühel õhtul jõudis naine väravani tagasi mõni hetk pärast kella kuut ja väravad olid just suletud. Tal oli kodus väike poeg, kes ootas ema tagasitulekut. Naine langes valvurite jalge ette põlvili ja anus neid, et nad laseksid ta välja. Pisarad silmis, ütles ta: "Palun halastage minu peale. Mu väike poeg ei söö ega maga enne, kui ma tema juures olen. Vaene laps, ta nutab terve öö, kui ei näe oma ema. Palun! Laske mul minna!" Sellegipoolest ei andnud valvurid järele, kuna nad ei tohtinud reegleid rikkuda.

Naine jooksis mööda kindlust paanikas ringi, otsides meeleheitlikult kohta, kust tal oleks võimalik välja pääseda. Ta ei suutnud taluda mõtet, et tema süütu väike poeg ootab teda muretsedes asjatult tagasi.

Kindlust ümbritsesid järsud kaljud, mida katsid okkalisi põõsaid, roni- ja mürgitaimi täis tihnikud. Pimeduse saabudes muutus ematunne lüpsjanaises rahutumaks ja tema otsusekindlus oma lapse juurde pääseda tugevnes. Ta käis mööda kindlust ringi, et leida kohta, kust oleks võimalik alla ronida ja kuidagi oma majani jõuda. Lõpuks leidis ta koha, mis paistis suhteliselt vähem järsk ja sügav. Peitnud piimapüti põõsasse, hakkas ta ettevaatlikult mäest alla ronima. Selle käigus sai ta mitmesse kohta oma kehal haavu ja sinikaid. Kõiki takistusi unustades, sundisid mõtted pojast teda edasi liikuma. Lõpuks õnnestus tal jõuda mäe jalamile. Lüpsjanaine jooksis koju ja veetis öö õnnelikult oma poja juures.

Järgmisel hommikul kindluse väravaid avades olid valvurid imestunud, kui nägid väljaspool sissepääsu ootamas naist, kes ei olnud eelmisel õhtul välja pääsenud.

"Kui tavalisel lüpsjanaisel õnnestus meie vallutamatust kindlusest alla ronida, siis kindlasti leidub seal koht, kust vaenlased võivad sisse tungida ja meid rünnata," mõtlesid nad. Mõistes olukorra tõsidust, arreteerisid valvurid viivitamatult naise ja viisid ta kuninga juurde.

Kuningas oli suure mõistmisvõimega ja küps inimene. Selle riigi rahvas kiitis tema tarkust, vaprust ja üllast iseloomu. Ta võttis lüpsjanaise vastu suure armastusväärsusega. Käed tervituseks ühendatuna, lausus ta: "Oo ema, kui minu valvurite jutt on tõsi, et sa põgenesid siit eelmisel ööl, kas sa oleksid nii lahke ja näitaksid mulle kohta, kust sul õnnestus alla ronida?"

Lüpsjanaine juhatas kuninga, tema ministrid ja valvurid vastavasse paika. Sealt otsis ta välja piimapüti, mille ta oli eelmisel öösel põõsasse peitnud, ja näitas seda kuningale. Vaadates järsust mäenõlvast alla, küsis kuningas temalt: "Ema, palun kas sa näitaksid meile, kuidas sul õnnestus siit eelmisel öösel alla ronida?"

Lüpsjanaine vaatas järsust ja ohtlikust kaljuseinast alla ja värises hirmust. "Ei, ma ei suuda seda teha!" hüüatas ta.

"Aga kuidas sa seda siis eile õhtul tegid?" küsis kuningas.

"Ma ei tea," vastas naine.

"Aga mina tean," lausus kuningas leebelt. "See oli sinu armastus oma poja vastu, mis andis sulle jõu ja julguse korda saata võimatut."

Tõeline armastus ületab keha, meele ja kõik hirmud. Puhta armastuse jõud on piiritu. Selline armastus on kõikehõlmav, kõikeläbiv. Sellises armastuses on võimalik kogeda ühtsust Minaga. Armastus on hinge hingamine. Mitte keegi ei ütle: "Ma hingan ainult oma naise, laste, vanemate ja sõprade juuresolekul. Ma ei suuda hingata nende juuresolekul, kes on minu vaenlased, kes mind vihkavad või on mind halvasti kohelnud." Sel juhul ei saaks sa elada; sa sureksid. Sarnaselt on ka armastus kohalolek, ületades igasugused erinevused. See on kohal kõikjal. See on meie eluenergia.

Puhas, siiras armastus teeb kõik võimalikuks. Kui su süda on täidetud puhta armastuse energiaga, on isegi kõige võimatum ülesanne sama lihtne nagu lilleõie noppimine.

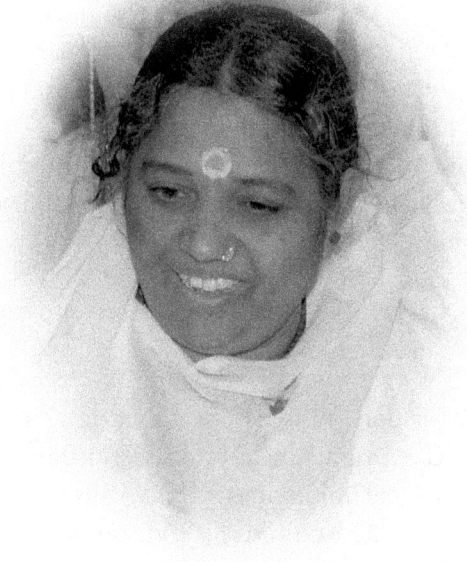

Mispärast on sõjad?

Küsija: Miks on nii palju sõdu ja vägivalda?

Amma: Mõistmise puudumise tõttu.

Küsija: Mis on mõistmise puudumine?

Amma: Kaastunde puudumine.

Küsija: Kas mõistmine ja kaastunne on seotud?

Amma: Jah, kui tekib tõeline mõistmine, siis õpid tõeliselt teise inimesega arvestama, pööramata tähelepanu tema nõrkustele. Sellest tärkab armastus. Kui sisimas tärkab puhas armastus, tekib ka kaastunne.

225

Küsija: Amma, ma olen kuulnud Sind ütlevat, et sõdade ja konfliktide põhjuseks on ego.

Amma: See on õige. Ebaküps ego ja mõistmise puudumine on peaaegu üks ja seesama. Me kasutame nii palju erinevaid sõnu, aga põhimõtteliselt tähendavad need kõik sama asja.

Kui inimesed kaotavad kontakti oma Sisemise Minaga ja samastuvad tugevamalt oma egoga, on vägivald ja sõda paratamatud. Just see toimubki tänapäeva maailmas.

Küsija: Amma, kas Sa pead silmas, et inimesed omistavad liiga suurt tähtsust välisele maailmale?

Amma: Tsivilisatsioon [välised mugavused ja areng] ja *samskara* [rikastavate mõtete ja omaduste praktiseerimine] peaksid käima käsikäes. Aga mida me ühiskonnas näeme? Vaimsete väärtuste kiiret taandarengut, kas pole? Konfliktid ja sõda on eksistentsi madalaim tasand ja kõrgeim on *samskara*.

Tänapäeva maailmas valitsevat olukorda kirjeldab järgmine näide. Kujuta ette väga kitsast teed. Kaks juhti vajutavad pidurit vahetult enne seda, kui nende autod kokku põrkavad. Kui üks neist ei tagane ega anna teisele teed, ei saa nad edasi liikuda. Ent mõlemad autojuhid istuvad oma istmel ja kuulutavad jonnakalt, et ei kavatse taganeda mitte üht sentimeetrit. Olukorda on võimalik lahendada ainult sellega, et üks juht näitab üles veidi alandlikkust ja on vabatahtlikult nõus teisele teed andma. Siis saavad nad mõlemad ilma takistusteta oma sihtpunkti sõita. See, kes annab teisele teed, võib lisaks rõõmu tunda teadmisest, et ainult tänu temale sai teine inimene edasi minna.

Kuidas me saame teha Amma õnnelikuks?

Küsija: Amma, kuidas ma saan Sind teenida?

Amma: Teenides isetult teisi.

Küsija: Mida ma saaksin teha, et teha Sind õnnelikuks?

Amma: Aita teistel olla õnnelik. See teeb Amma tõesti õnnelikuks.

Küsija: Amma, kas Sa ei taha minult midagi?

Amma: Jah, Amma soovib, et sa oleksid õnnelik.

Küsija: Amma, Sa oled nii ilus.

Amma: Aga seesama ilu on ka sinus. Sa pead selle lihtsalt üles leidma.

Küsija: Ma armastan Sind, Amma.

Amma: Tütar, tegelikult ei ole sinul ja Ammal vahet. Me oleme üks. Nii et on ainult armastus!

Tõeline probleem

Küsija: Amma, sa ütled, et kõik on Üks. Kuid mina näen kõike eraldiseisvana. Miks see nii on?

Amma: Asjade nägemine eraldiseisvana või erinevana ei ole probleem. Tegelik probleem seisneb võimetuses näha Üksolemist erinevuste taga. Tõeliseks piiratuseks on valearusaam. Parandada on vaja seda, kuidas sa näed maailma ja sind ümbritsevat; pärast seda muutub kõik iseenesest.

Nii nagu meie nägemist on vaja korrigeerida, kui meie silmad muutuvad nõrgaks – kui hakkame asju kahekordselt nägema –, nii on vaja ka sisemist silma korrigeerida kellegi sellise juhendamisel, kelle Üksolemise kogemus on püsiv – see on Satguru [Tõeline Meister].

Maailmal pole midagi viga

Küsija: Mis on maailmal viga? Asi tundub olevat halb. Kas me saame midagi ette võtta?

Amma: Probleem pole maailmas. Probleem seisneb inimeste meeles – egos. Maailma muudab problemaatiliseks kontrollimatu ego. Pisut suurem mõistmine ja kaastunne võib kaasa tuua väga suure muutuse.

Ego valitseb maailma. Inimesed on oma ego abitud ohvrid. Tundlikke inimesi, keda on õnnistatud kaastundliku südamega, on raske leida. Leia üles omaenda sisemine harmoonia, elu ja armastuse sulnis laul. Mine välja ja teeni neid, kes kannatavad. Õpi asetama teised endast ettepoole. Ent armastuse ja teiste teenimise nimel – ära armu omaenda egosse. Säilita oma ego, aga ole omaenda meele ja ego valitseja. Arvesta kõigiga, sest see on uks Jumala ja su enda Minani.

Milleks järgida vaimset teed?

Küsija: Miks peaks järgima vaimset teed?

Amma: Samahästi võiks seeme küsida: "Miks ma pean minema mulla alla, idanema ja üles kasvama?"

Vaimse energiaga ümberkäimine

Küsija: Vähemalt mingi osa inimesi kaotab pärast vaimsete praktikatega tegelema hakkamist mõistuse. Mispärast selline asi juhtub?

Amma: Vaimsed harjutused valmistavad su piiratud keha ja meelt ette universaalse *shakti* [energia] hõlmamiseks. Need avavad sinus värava kõrgema teadvuseni. Teisisõnu, need tegelevad otseselt puhta *shakti*ga. Kui sa pole ettevaatlik, võivad need põhjustada vaimseid ja füüsilisi probleeme. Näiteks aitab valgus meil näha. Aga liiga ere valgus võib meie silmi kahjustada. Sarnaselt on *shakti* või õndsus ülimalt kasulik. Ent kui sa ei tea, kuidas seda õigel moel hallata, võib see olla ohtlik. Selles osas saab tõelist abi ainult Satguru [Tõelise Meistri] juhatusest.

Süütu südame kaebus
ja kaastunne

V äike poiss tuli joostes Amma poole ja näitas Talle oma paremat kätt. Amma võttis kaastundlikult tema sõrme ja küsis inglise keeles: "Mis on, lapsuke?" Poiss pöördus ja ütles: "Seal..."

Amma (inglise keeles): There, what? (Mis seal on?)

Väike poiss: Issi...

Amma (inglise keeles): Daddy, what? (Mis issiga on?)

Väike poiss (näidates oma käele): Issi istus siia.

Amma (last kõvasti kallistades ja öeldes inglise keeles): Amma call daddy. (Amma kutsub issi.)

Sel hetkel tuli isa Amma juurde. Ta ütles, et oli hommikul kogemata istunud poisi käe peale. See juhtus kodus ja väike poiss püüdis seda Ammale selgitada.

Hoides poissi endiselt süles, ütles Amma: "Amma annab nüüd issile selle eest korraliku laksu, eks?"

Poiss noogutas pead. Amma tegi, nagu annaks ta isale laksu, ja poisi isa teeskles, nagu ta nutaks. Äkitselt haaras poiss Amma käest kinni ja ütles: "Aitab."

Amma embas last tugevamini ja naeris. Pühendunud naersid kaasa.

Amma: Näete, ta armastab oma isa. Ta ei taha, et keegi tema isale haiget teeks.

Nii nagu see väike poiss, kes tuli ja avas midagi tagasi hoidmata Ammale oma südame, peaksite ka teie, lapsed, õppima oma südant Jumalale avama. Ehkki Amma ainult teeskles, et annab lapse isale laksu, oli see lapse jaoks päris. Ta ei tahtnud, et ta isa saaks haiget. Sarnaselt, lapsed, mõistke teiste valu ja olge kõigi vastu kaastundlikud.

Suikuva õpilase äratamine

Küsija: Kuidas aitab Guru õpilasel ego ületada?

Amma: Luues vajalikke olukordi. Tegelikult aitab õpilast Satguru [Tõelise Meistri] kaastunne.

Küsija: Niisiis, mis täpselt aitab õpilast? Kas olukorrad või Guru kaastunne?

Amma: Olukorrad tekivad Satguru piiritu kaastunde tulemusena.

Küsija: Kas need on tavapärased olukorrad või on need erilised?

Amma: Need on tavalised olukorrad. Need on siiski ka erilised, sest need on veel üks Satguru õnnistuse vorm õpilase vaimsuse tõstmiseks.

Küsija: Kas ego eemaldamise protsessis tekib Guru ja õpilase vahel konflikte?

Amma: Meel võitleb ja protesteerib, sest ta soovib edasi suikuda ja und näha. Ta ei taha, et teda häiritaks. Ent Tõeline Meister on õpilase une segaja. Satguru üks ja ainus eesmärk on õpilane äratada. Nii et näiliselt on vastuolu olemas. Ent tõeline õpilane, kellel on varuks *shraddha* [armastav usk], kasutab eristusvõimet, et taolistest sisemistest konfliktidest üle saada.

Kuulekus Gurule

Küsija: Kas täiuslik kuulekus Gurule viib lõpuks ego surmani?

Amma: Jah, viib küll. Katha-upanišadis esindab Satguru [Tõelist Meistrit] Yama, surmajumal. Seda sellepärast, et Guru sümboliseerib õpilase ego surma, mis saab toimuda ainult Satguru abiga.

Kuulekus Satgurule tuleb õpilase armastusest Guru vastu. Meistri eneseohverdus ja kaastunne on õpilasele tohutuks innustuseks. Guru vastavatest omadustest liigutatud õpilane jääb Guru ees iseenesest avatuks ja kuulekaks.

Küsija: Ego surmaga silmitsi seismine nõuab erakordset vaprust, kas pole?

Amma: Kahtlemata on just sellepärast väga vähesed võimelised seda tegema. Ego surra laskmine on samaväärne surma uksele koputamisega. Nimelt seda tegigi Naciketas, noor otsija Katha-upanišadis. Aga kui sul on julgust ja otsustavust koputada surma uksele, siis saad aru, et surma ei olegi. Sest isegi surm või ego surm on illusioon.

Silmapiir on siinsamas

Küsija: Kuhu on Kõrgem Mina peidetud?

Amma: See on sama mis küsida: "Kuhu ma olen peidetud?" Sa pole mitte kusagile peidetud. Sa oled iseendas. Sarnaselt on ka Mina nii sinu sees kui väljas.

Merekaldal tundub, nagu saaksid meri ja silmapiir teineteisega ühes punktis kokku. Oletame, et silmapiiril on saar ja paistab, et puud puudutavad taevast. Aga kui me läheme sinna, siis kas me näeme kokkupuutepunkti? Ei, vastupidi, ka see punkt liigub edasi. Nüüd on see teises kohas. Kus on siis silmapiir tegelikult? Silmapiir on täpselt siin, kus me seisame, kas pole? Samamoodi on siinsamas see, mida sa otsid. Aga senikaua, kuni me oleme hüpnotiseeritud oma keha ja meele poolt, jääb see kaugeks.

Mis puutub kõrgeimasse teadmisse, siis sa oled nagu kerjus. Tõeline Meister tuleb ja räägib sulle: "Näed, terve universum on sinu oma. Viska minema oma kerjakauss ja otsi varandust, mis on peidus sinu sees."

Sinu teadmatus tõelusest paneb sind järjekindlalt ütlema: "See on tühijutt, mis sa räägid. Ma olen kerjus ja ma tahan oma elu lõpuni edasi kerjata. Palun jäta mind rahule." Ent Satguru [Tõeline Meister] ei jäta sind niisama. Satguru tuletab sulle sedasama asja ikka ja jälle meelde, kuni sa lased end ümber veenda ja alustad otsingut.

Lühidalt, Satguru aitab meil mõista meele kerjuseseisundit, julgustab meid kerjakaussi ära viskama ja aitab meil saada universumi omanikuks.

Usk ja palvehelmed

Ühe Devi Bhava ajal Californias San Ramonis pidin ma hakkama bhajaneid [pühendumuslikke laule] laulma, kui minu juurde tuli naine, kel olid pisarad silmis.

Ta ütles: "Ma kaotasin midagi mulle väga kallist."

Naine paistis väga endast väljas olevat. Ta rääkis: "Ma magasin ülakorrusel rõdul palvehelmestega, mille oli mulle kinkinud mu vanaema. Kui ma üles ärkasin, olid need kadunud. Keegi varastas need. Need olid minu jaoks hindamatud. Oh, mu Jumal, mida ma nüüd peaksin tegema?" Ta hakkas nutma.

"Kas te otsisite leitud asjade hulgast?" küsisin ma.

"Jah," ütles ta. "Aga neid ei olnud seal."

Ma ütlesin: "Palun ärge nutke. Teeme teadaande. Kui keegi on need leidnud või kogemata võtnud, võib ta need tagasi tuua, kui selgitate, kui väärtuslikud need teile on."

Kavatsesin ta saata helisüsteemi ruumi, kui ta märkis: "Kuidas see sai küll juhtuda Devi Bhava õhtul, kui ma tulin Amma darshanile."

Kuulnud tema suust neid sõnu, ütlesin talle spontaanselt järgmist: "Teate, te polnud piisavalt tähelepanelik. Sellepärast te helmed kaotasite. Miks te magasite, helmed käes, kui nad on teile nii kallid? Siia on täna kogunenud väga erinevaid inimesi. Amma ei saada kedagi ära. Ta lubab kõigil osaleda ja olla rõõmus. Seda teades oleksite pidanud oma helmeste eest paremat hoolt kandma. Selle asemel süüdistate te Ammat, võtmata enda õlgadele vastutust hoolimatuse eest."

Naine ebales. Ta lausus: "Minu usk Ammasse on kõikuma löönud."

Ma küsisin talt: "Kas teil oli üldse usku, mida kaotada? Kui teil oleks tõeline usk, siis kuidas te saaksite seda kaotada?"

Ta ei lausunud midagi. Juhatasin ta siiski helisüsteemi ruumi ja ta tegi oma teadaande.

Mõni tund hiljem, kui ma lõpetasin laulmise, kohtasin naist saali peaukse juures. Ta ootas, et minuga kokku saada. Naine rääkis, et oli helmed tagasi saanud. Tegelikult oli keegi näinud neid rõdul maas lebamas ja võttis need, arvates, et see oli Amma kingitus talle. Ent kui ta kuulis teadaannet, tõi ta need tagasi.

Naine ütles: "Suur aitäh teile nõuande eest."

"Tänage Ammat, sest Tema oli nii kaastundlik ega tahtnud, et te usu kaotaksite," vastasin ma. Enne kui ma temaga hüvasti jätsin, ütlesin: "Ehkki siin on erinevat laadi inimesi, armastavad nad kõik Ammat; muidu ei oleks te oma helmeid uuesti näinud."

Armastus ja alistumine

Küsija: Amma, mis on armastuse ja alistumise vahe?

Amma: Armastus on tingimuslik. Alistumine on tingimusteta.

Küsija: Mida see tähendab?

Amma: Armastuse puhul on armastaja ja armastatu, õpilane ja Õpetaja, pühendunu ja Jumal. Aga alistumise puhul kaob kahesus. On ainuüksi Õpetaja; on ainuüksi Jumal.

Teadlikkus ja tähelepanelikkus

Küsija: Kas teadlikkus on sama mis shraddha [armastus ja usk]?

Amma: Jah, mida rohkem *shraddha*t sul on, seda teadlikum sa oled. Teadlikkuse puudumine loob takistusi teel igavese vabaduseni. See on nagu läbi udu sõitmine. Sa ei näe mitte midagi selgelt. See on ka ohtlik, sest iga hetk võib juhtuda õnnetus. Seevastu teadlikkusega sooritatud tegevused aitavad sul mõista oma sisemist jumalikkust. Need aitavad iga hetkega suurendada sinu selgust.

Usk teeb kõik lihtsaks

Küsija: Miks on Eneseteostust nii raske saavutada?

Amma: Tegelikult on Eneseteostus lihtne, sest Atman [Kõrgem Mina] on meile kõige lähem. Selle teeb raskeks meel.

Küsija: Aga pühakirjad ja Suured Õpetajad seda küll nii ei kirjelda. Vahendid ja meetodid on väga rasked ja karmid.

Amma: Pühakirjad ja Suured Õpetajad püüavad selle alati lihtsaks teha. Nad meenutavad sulle järjekindlalt, et Mina või Jumal on sinu tõeline olemus, mis tähendab, et see pole kusagil kaugel. Seda oled sa tegelikult, see on sinu tõeline pale. Aga sul peab olema usku, et seda tõde omaks võtta. Usu puudumine teeb teekonna raskeks ja usk lihtsaks. Ütle lapsele: "Sa oled kuningas", ja silmapilkselt samastub laps sellega ja hakkab käituma nagu kuningas. Kas täiskasvanutel on sellist usku? Ei ole. Seetõttu on see nende jaoks raske.

Eesmärgile keskendumine

K üsija: Amma, kuidas oleks võimalik oma vaimset teekonda edendada?

Amma: Siira *sadhana* [vaimsete praktikate] ja Eesmärgile keskendumise abil. Pea alati meeles, et sinu füüsiline eksistents siin maailmas on ette nähtud vaimseks arenguks. Sinu mõtteviis ja elu peaksid olema sellised, et need aitaksid sul sellel teekonnal edeneda.

Küsija: Kas Eesmärgile keskendumine on sama mis mitteklammer- dumine?

Amma: Sellel, kes on keskendunud Eesmärgile, tekib iseenesest mitteklammerdumine. Näiteks kui sa reisid teise linna, kus sul on pakilisi asjaajamisi, on su meel pidevalt keskendunud sellele eesmär- gile, kas pole? Sa võid näha kaunist parki ja järve, kena restorani, 15 palliga mängivat žonglööri ja nii edasi, aga kas miski neist suudab sind köita? Ei. Sinu meel ei klammerdu neisse vaatepiltidesse, vaid on suunatud sinu eesmärgile. Samamoodi, kui keskenduda tõeliselt Eesmärgile, kaasneb sellega automaatselt mitteklammerdumine.

Tegutsemine ja kammitsetus

K üsija: Mõned inimesed usuvad, et tegutsemine tekitab vaimsel teel takistusi ning seetõttu on soovitatav sellest hoiduda. Kas see on õige?

Amma: See on ilmselt laisa inimese määratlus. Karma [tegutsemine] iseenesest pole ohtlik. Ent kui sellega ei käi kaasas kaastunnet, kui seda kasutatakse vaid enese meeleheaks ja ainult kasusaamise eesmärgil, muutub see ohtlikuks. Näiteks peaks arst olema operatsiooni ajal täielikult teadvel ja lisaks veel kaastundliku suhtumisega. Kui arst selle asemel mõtleks oma kodustele probleemidele, siis tema teadveloleku tase langeks. See võib koguni patsiendi elu ohtu seada. Taoline karma on *adharma* [ebaõige tegutsemine]. Seevastu rahulolutunne, mis tekib arstil eduka operatsiooni järel, võib tal aidata tõusta kõrgemale, kui see on suunatud õigesti. Teiste sõnadega, kui tegutsetakse teadlikkuse ja kaastundega, on see edasiviiv jõud, see kiirendab isiku vaimset teekonda. Seevastu asjade tegemine väikese või puuduva teadlikkusega ning ilma kaastundeta muudab selle ohtlikuks.

Et eristusvõime kasvaks

Küsija: Amma, kuidas eristusvõime kasvab?

Amma: Läbi mõtiskleva tegevuse.

Küsija: Kas eristav meel on küps meel?

Amma: Jah, vaimselt küps meel.

Küsija: Kas taolisel meelel on suuremad võimed?

Amma: Suuremad võimed ja mõistmine.

Küsija: Mille mõistmine?

Amma: Kõige mõistmine, iga olukorra ja kogemuse mõistmine.

Küsija: Sa pead silmas isegi negatiivseid ja valulikke kogemusi?

Amma: Jah, kõiki. Isegi valulistel kogemustel on meie elule positiivne mõju, kui neid sügavalt mõista. Kõigi kogemuste pinna all, olgu need head või halvad, on vaimne sõnum. Niisiis, kõige nägemine välisel pinnal on materialism ja kõige nägemine sisemiselt on vaimsus.

Viimane hüpe

Küsija: Amma, kas otsija elus on hetk, kui ta peab lihtsalt ootama?

Amma: Jah. Pärast pikaajalist vaimsete harjutuste sooritamist, kui on tehtud kõik vajalikud pingutused, saabub hetk, mil *sadhak* [vaimne otsija] peab lõpetama kogu *sadhana* [vaimsed praktikad] ja ootama kannatlikult, et toimuks eneseteostus.

Küsija: Kas sel etapil saab otsija teha selle hüppe iseseisvalt?

Amma: Ei. Tegelikult on see kriitiline hetk, kui *sadhak*il on vaja ääretult suurt abi.

Küsija: Kas seda abi annab Guru?

Amma: Jah, ainult Satguru [Tõelise Meistri] arm saab sel hetkel *sadhak*i aidata. Nimelt siis on *sadhak*il vaja absoluutset kannatlikkust. Sest *sadhak* on teinud kõik, mis ta suutis; ta on teinud kõik omapoolsed pingutused. Nüüd on *sadhak* abitu. Ta ei tea, kuidas teha viimast sammu. Otsija võib sel hetkel koguni segadusse sattuda ja maailma tagasi pöörduda, arvates, et sellist seisundit nagu Eneseteostus pole olemas. Ainult Satguru kohalolek ja arm innustab otsijat ja aitab tal sellest seisundist kõrgemale tõusta.

Kõige õnnelikum hetk Amma elus

Küsija: Amma, mis on Sinu elu kõige õnnelikum hetk?

Amma: Iga hetk.

Küsija: Ja see tähendab?

Amma: Amma peab silma seda, et Amma on pidevalt õnnelik, sest Amma seisukohast on kõik ainult puhas armastus.

Amma ei rääkinud mõnda aega. Darshan kestis edasi. Siis tõi üks pühendunu Ammale õnnistamiseks pildi jumalanna Kalist, kes tantsis Šiva rinnal. Amma näitas pilti küsimuste järjekorras olevale pühendunule.

Amma: Vaata seda pilti. Olgugi et Kali näeb välja raevukas, on ta õndsas meeleolus. Kas sa tead, mispärast? Sest ta on just maha raiunud oma armsa pühendunu pea – ego. Pead peetakse ego asupaigaks. Kali tähistab seda hinnalist hetke, kui tema pühendunu on täielikult ületanud oma ego. Veel üks hing, kes on kaua ekselnud pimeduses, on vabanenud *maya* [illusoorsuse] kütkeist.

Kui inimene saavutab lunastuse, siis kogu loomise *kundalini shakti* [vaimne energia] tõuseb üles ja ärkab. Sellest hetkest peale näeb ta kõike jumalikuna. Seega on alguse saanud igavikuline pühitsemine. Nii et Kali tantsib ekstaasis.

Küsija: Kas sa pead silmas, et Sinu jaoks on samuti kõige õnnelikum hetk siis, kui Sinu lapsed suudavad oma egost kõrgemale tõusta?

Amma näol lõi särama naeratus.

Suurim kingitus, mis Amma annab

Üks vanem pühendunu, kel oli viimase astme vähk, tuli Amma darshanile. Teades, et ta õige pea sureb, lausus mees: "Hüvasti, Amma. Suur, suur aitäh Sulle kõige eest, mis Sa oled mulle andnud. Sa kallasid selle lapse üle puhta armastusega ja näitasid mulle teed sellel valusal ajal. Ilma Sinuta oleksin ma juba ammu kokku varisenud. Hoia alati seda hinge Enda lähedal." Seda öeldes võttis pühendunu Amma käe ja pani selle oma rinnale.

Seejärel mees nuuksus, kattes näo peopesadega. Amma surus ta hellalt oma õla vastu, pühkides samal ajal pisaraid, mis voolasid mööda Ta enda põski.

Tõstes mehe pea oma õlalt, vaatas Amma talle sügavalt silma. Mees lõpetas nutmise. Ta paistis koguni õnnelik ja tugev. Ta ütles: "Tänu armastusele, mis Sa oled mulle andnud, pole Sinu laps õnnetu. Minu üks ja ainus mure on see, kas ma jään Sinu rüppe ka pärast surma. See oli see, mille pärast ma nutsin. Muidu pole mul häda midagi."

Vaadates üksisilmi sügava armastuse ja hoolivusega mehele silma, lausus Amma õrnalt: "Ära muretse laps. Amma kinnitab sulle, et sa jääd alati tema rüppe."

Mehe näol lõi äkitselt särama tohutu rõõm. Ta paistis olevat nii rahulik. Silmad endiselt märjad, saatis Amma teda vaikselt pilguga, kui ta eemale kõndis.

Armastus muudab kõik elavaks

Küsija: Amma, kui teadvus hõlmab kõike, siis kas ka elututel objektidel on teadvus?

Amma: Neil on teadvus, mida teie pole võimelised tundma ega mõistma.

Küsija: Kuidas meil oleks võimalik seda mõista?

Amma: Puhta armastuse kaudu. Armastus muudab kõik elavaks ja teadvelolevaks.

Küsija: Mul on armastus, aga ma ei näe kõike elava ja teadvelolevana.

Amma: See tähendab, et sinu armastusega on midagi viltu.

Küsija: Armastus on armastus. Kuidas saab armastusega midagi viltu olla.

Amma: Tõeline armastus aitab meil kogeda elu ja elujõudu kõikjal. Kui sinu armastus ei võimalda sul seda näha, siis see pole tõeline armastus. See on illusoorne armastus.

Küsija: Aga seda on väga raske mõista ja rakendada, kas pole?

Amma: Ei ole.

Pühendunu jäi vakka, segaduses ilme näol.

Amma: See pole nii raske, kui sa arvad. Tegelikult teevad seda peaaegu kõik. Ent nad pole sellest teadlikud.

Just siis tõi üks pühendunu oma kassi Ammale õnnistamiseks. Amma katkestas veidikeseks ajaks jutu. Ta hoidis kassi mõne hetke õrnalt ja silitas teda. Siis pani ta natuke sandlivõiet tema otsaesisele ja andis talle ühe Hershey's Kissi kompveki.

Amma: Tüdruk või poiss?

Küsija: Tüdruk.

Amma: Mis ta nimi on?

Küsija: Rose... (väga murelikult) Ta ei ole viimased paar päeva end hästi tundnud. Palun õnnista teda, Amma, et ta ruttu paraneks. Ta on minu ustav sõber ja kaaslane.

Nende sõnade juures valgusid naise silmi pisarad. Armastavalt hõõrus Amma kassi peale natuke püha tuhka ja andis looma tagasi pühendunule, kes lahkus Amma juurest õnnelikuna.

Amma: Selle tütre jaoks pole tema kass mitte üks miljonitest kassidest; tema kass on ainukordne. Kass on tema jaoks samahästi kui inimene. Tema silmis on Rose'il oma isikupära. Miks? Sest ta armastab seda kassi nii väga. Ta on temaga suuresti samastunud.

Seda teevad inimesed kõikjal maailmas, kas pole? Nad panevad oma kassidele, koertele, papagoidele ja mõnikord isegi puudele nime. Pannud neile nime ja teinud nad enda omaks, muutub konkreetne inimene, loom, lind või taim oma teistest liigikaaslastest eristuvaks ja erinevaks. Äkitselt omandab see millegi enama kui lihtsalt olendi staatuse. Inimese samastumine sellega annab talle uue elu.

Vaadake väikseid lapsi. Nukk muutub neile elavaks ja teadvelolevaks. Nad räägivad nukuga, annavad talle süüa ja magavad tema kõrval. Mis annab nukule elu? Selle lapse armastus tema vastu, kas pole? Armastus võib muuta isegi lihtsa objekti elavaks ja teadvelolevaks.

Nüüd ütle Ammale, kas selline armastus on raske?

Andestamise suur õppetund

Küsija: Amma, kas on midagi, mida Sa tahad mulle praegu öelda? Mõnda erilist juhist minu praeguseks eluperioodiks?

Amma: (naeratades): Ole kannatlik.

Küsija: Kas see on kõik?

Amma: Seda on palju.

Pühendunu oli ringi pööranud ja astunud Ammast paar sammu eemale, kui Amma hüüdis talle: "... ja andestav samuti." Kuuldes Amma sõnu, pööras mees ringi ja küsis: "Kas Sa räägid minuga?"

Amma: Jah, sinuga.

Mees tuli tagasi Amma istme juurde.

Küsija: Ma olen kindel, et Sa annad mulle mingi vihje, sest see on minevikus alati nii olnud. Amma, palun ütle mulle selgelt, mida Sa soovitad.

Amma jätkas darshani andmist, samal ajal kui mees ootas, et veel midagi kuulda saada. Mõnda aega ei lausunud Amma sõnagi.

Amma: Peab olema midagi – mingi juhtum või olukord –, mis sulle äkitselt meelde tuli. Milleks sa muidu nii kiiresti reageerisid, kui kuulsid Amma suust sõna "andesta"? Poeg, sa ei reageerinud samamoodi, kui Amma ütles sulle: "Ole kannatlik". Sa leppisid sellega ja hakkasid ära minema, kas pole? Nii et midagi vaevab sind tõsiselt.

Kuulnud Amma sõnu, istus mees natuke aega vaikselt, pea norus. Äkitselt hakkas ta nutma, kattes oma näo kätega. Amma ei suutnud vaadata, kuidas Ta laps nutab. Ta pühkis hellalt mehe pisarad ja silitas tema rinda.

Amma: Ära muretse, poeg. Amma on sinuga.

Küsija (nuuksudes): Sul on õigus. Ma ei suuda andestada oma pojale. Ma pole temaga aasta otsa rääkinud. Ma olen sügavalt haavunud ja tema peale väga vihane. Amma, palun aita mind.

Amma (heites pühendunu poole kaastundliku pilgu): Amma mõistab.

Küsija: Ühel päeval umbes aasta tagasi tuli ta koju lootusetult pilves seisundis. Kui ma tema käitumise kohta aru pärisin, muutus ta vägivaldseks ja karjus minu peale ning hakkas taldrikuid lõhkuma ja märatsema. Ma kaotasin täielikult enesevalitsuse ja viskasin ta majast välja. Sellest ajast saadik pole ma teda ei näinud ega temaga rääkinud.

Mees paistis olevat tõeliselt õnnetu.

Amma: Amma näeb sinu südant. Ükskõik kes oleks sellises olukorras kontrolli kaotanud. Ära tunne end selle olukorra pärast süüdi. Sellegipoolest on oluline, et sa andestaksid talle.

Küsija: Ma tahan, aga ma olen võimetu unustama ja edasi liikuma. Mil iganes mu süda soovib talle andestada, seab mu meel selle kahtluse alla. Mu meel ütleb: "Mispärast sa peaksid talle andestama? Tema tegi vea, nii et las ta kahetseb seda ja palub hoopis sinult andestust."

Amma: Poeg, kas sa soovid seda olukorda tõepoolest lahendada?

Küsija: Jah, Amma, soovin küll. Ma tahan aidata pojal ja iseendal terveneda.

Amma: Kui nii, siis ära kunagi kuula oma meelt. Meel ei saa tervendada ega lahendada ühtegi taolist olukorda. Vastupidi, meel süvendab seda ja ajab sind rohkem segadusse.

Küsija: Amma, mis nõu Sa mulle annad?

Amma: Amma ei saa küll ehk öelda seda, mida sa soovid kuulda. Ent Amma saab sulle öelda, mis aitab sul olukorda tõepoolest tervendada ja tuua rahu sinu ja poja vahele. Usalda ja asjad saavad lõpuks korda.

Küsija: Amma, ole nii lahke ja anna mulle nõu. Ma proovin anda oma parima, et teha, mis iganes Sa ütled.

Amma: Mis iganes on juhtunud, on juhtunud. Luba endal kõigepealt seda uskuda ja sellega leppida. Siis usu, et sel päeval aset leidnud sündmusteahela teadaoleva põhjuse taga oli ka teadmata põhjus. Sinu meel on kompromissitu ja tahab kõiges süüdistada su poega. Olgu. Mis puutub just sellesse vahejuhtumisse, siis võib-olla ta oligi süüdi. Sellegipoolest...

Küsija (ärevalt): Amma, Sa ei lõpetanud seda, mida Sa soovisid öelda.

Amma: Las Amma esitab sulle ühe küsimuse. Kas sa oled oma vanemate vastu üles näidanud austust ja armastust, eeskätt oma isa vastu?

Küsija (veidi segaduses): Jah, emaga oli mul väga ilus suhe... aga isaga oli meie vahekord kohutav.

Amma: Mispärast?

Küsija: Sest ta oli väga range ja mul oli raske tema seisukohtadega nõustuda.

Amma: Ja loomulikult oli ka aegu, mil sa olid tema vastu jäme, mis haavas tema tundeid, oli nii?

Küsija: Jah.

Amma: See tähendab, et mis sa oled teinud oma isale, tuleb sulle nüüd tagasi sinu poja, tema sõnade ja tegude näol.

Küsija: Amma, ma usun Sind.

Amma: Poeg, kas sa ei kannatanud väga palju pingelise suhte pärast oma isaga?

Küsija: Jah, kannatasin küll.

Amma: Kas sa andsid talle kunagi andeks ja parandasid suhte?

Küsija: Jah, aga alles paar päeva enne tema surma.

Amma: Poeg, kas sa soovid, et sinu poeg teeks läbi samad kannatused, mis tooksid omakorda kannatusi ka sinule?

Mees puhkes nutma, raputas pead ja ütles: "Ei, Amma, ei iialgi..."

Amma (hoides teda embuses): Sel juhul andesta oma pojale, sest see on tee rahu ja armastuseni.

Mees istus Amma kõrval ja mediteeris tükk aega. Kui ta lahkus, lausus ta: "Mul on nii kerge ja pingevaba tunne. Ma kavatsen oma pojaga kohtuda niipea kui võimalik. Aitäh Sulle, Amma. Hästi suur aitäh Sulle."

Darshan

Küsija: Kuidas peaksid inimesed sulle lähenema, et Sinu darshanit tugevalt kogeda?

Amma: Kuidas me kogeme lille ilu ja lõhna võimalikult tugevalt? Jäädes lillele täiesti avatuks. Oletame, et sul on nina kinni. Siis sa ei tunne seda. Samamoodi, kui su meelt blokeerivad hinnangud ja eelarvamused, jääd sa Amma darshanist ilma.

Teadlane vaatab lille nagu katseobjekti; poeet kui luuletuse inspireerijat. Aga muusik? Tema laulab lillest. Ja taimetark näeb teda kui tõhusa ravimi allikat, kas pole? Looma või putuka jaoks on ta pelgalt toit. Keegi neist ei näe lille lillena, kui tervikut. Sarnaselt on ka inimesed erineva loomusega. Amma võtab kõiki võrdselt vastu – annab neile kõigile sama võimaluse, sama armastuse, sama darshani. Ta ei heida kedagi kõrvale, sest kõik on Tema lapsed. Sellegipoolest, sõltuvalt darshani saaja vastuvõtlikkusest on darshan erinev.

Darshan on alati olemas. See on igikestev vool. Sa pead selle lihtsalt vastu võtma. Kui sa suudad oma meelest kas või üheks sekundiks täielikult eemalduda, toimub darshan oma täielikkuses.

Küsija: Kas selles mõttes saavad kõik Sinu darshani?

Amma: See sõltub sellest, kui avatud inimene on. Mida avatum, seda rohkem darshanit nad saavad. Ehkki mitte täielikult, saab siiski igaüks vilksatuse.

Küsija: Vilksatuse millest?

Amma: Vilksatuse sellest, mis nad tegelikult on.

Küsija: Kas see tähendab, et nad saavad vilksatuse ka sellest, mis Sina tegelikult oled?

Amma: Tegelikkus on nii sinus kui ka Ammas üks ja sama.

Küsija: Mis see on?

Amma: Õnnis armastuse vaikus.

Mitte mõtlemine, vaid usaldus

Reporter: Amma, mis on Sinu sellel planeedil olemise eesmärk?

Amma: Mis on sinu selle planeedil olemise eesmärk?

Reporter: Ma olen püstitanud oma elus eesmärke. Ma arvan, et ma olen siin nende täitmiseks.

Amma: Ka Amma on siin teatavate eesmärkide täitmiseks, mis on ühiskonnale kasulikud. Ent erinevalt teist, Amma mitte ainult ei *mõtle*, et need eesmärgid saavutatakse, vaid Ammal on kindel usk, et need eesmärgid saavutatakse.

AUM TAT SAT

* 9 7 8 1 6 8 0 3 7 3 4 8 6 *